DER WILDE MANN
Geistliche Reden zur Männerbefreiung

Richard Rohr

DER WILDE MANN

Geistliche Reden zur Männerbefreiung

Aus dem Amerikanischen übersetzt, bearbeitet
und mit einer Vor-Rede versehen
von Andreas Ebert

Claudius

Titel der amerikanischen Vorlage (Tonbandcassetten)
A Man's Approach to God
St. Anthony Messenger, Cincinnati, Ohio

Die Deutsche Bibliothek – CIP-Einheitsaufnahme

Rohr, Richard:
Der wilde Mann: geistliche Reden zur Männerbefreiung / Richard Rohr. Aus dem Amerikan. übers., bearb. und mit einer Vor-Rede vers. von Andreas Ebert. – 19. Aufl. – München: Claudius-Verl., 1997
Einheitssacht.: A man's approach to God <dt.>
ISBN 3-532-62042-1
NE: Ebert, Andreas [Bearb.]

19. Auflage 1997

Umschlaggestaltung: Werner Richter
Fotosatz: H. Mühlberger, Augsburg
Druck: Schoder Druck GmbH & Co. KG, 86368 Gersthofen

ISBN 3-352-62042-1

INHALT

VOR-REDE ZUR DEUTSCHEN AUSGABE

Feminismus und Frauenbewegung haben im vergangenen Jahrzehnt in den USA und in Europa zur Gründung zahlloser Frauengruppen geführt. Die Literatur zum Thema – von zornigen Manifesten bis zu dickleibigen fachwissenschaftlichen Abhandlungen – füllt ganze Bibliotheken. Frauen bereicherten das christliche Denken um ein völlig neues Genre: die feministische Theologie. Aus weiblicher Perspektive erscheinen biblische und kirchliche Traditionen in einem neuen, kritischen (und für Männer vielfach bedrohlichen) Licht. Jahrhunderte- und jahrtausendealte Selbstverständlichkeiten und Machtstrukturen stehen plötzlich zur Disposition, auch in der Kirche. Im protestantischen Bereich drängen immer mehr Frauen in die kirchlichen Ämter. Was diese Tatsache auf längere Sicht für das Verständnis des kirchlichen Amtes bedeutet, ist wahrscheinlich vielen Synoden und Kirchenleitungen noch gar nicht klar. Selbst im katholischen Bereich – vor allem innerhalb der progressiv voranstürmenden nordamerikanischen Kirche – wird der Ruf nach der Frauenordination immer lauter. Das Patriarchat wankt stärker als das auf den ersten Blick sichtbar ist.

Es überrascht, daß den Selbstreflexionen der Frauen bisher von Männern so gut wie nichts Entsprechendes zur Seite gestellt worden ist. Ich vermute, daß dahinter mehrere männliche Ängste stecken. Offener Anti-Feminismus wäre zu gefährlich. Wer möchte sich schon zum reaktionären und chauvinistischen *Buhmann* der Frauenbewegung machen? Die Alternative wäre die selbstkritische Auseinandersetzung mit der eigenen Männlichkeit mit dem Ziel der eigenen Befreiung aus jahrtausendealten Rollenzwängen. Es scheint aber so zu sein, daß sich viele Männer vor dieser Auseinanderset-

zung fürchten. Die wenigen Männergruppen, die existieren, sind oftmals nur als notvolle Reaktion der Männer auf ihre Verunsicherung durch sich emanzipierende Partnerinnen entstanden.[1] Theologisch-geistliches Nachdenken über das Mann-Sein hat bisher, soweit mir bekannt ist, erst recht kaum stattgefunden.[2] Wenn aber eine spezifisch weibliche Spiritualität legitim ist und von vielen Christinnen entwikkelt und erprobt wird, dann ist es nicht nur erlaubt, sondern schließlich auch notwendig, daß sich analog dazu männliche Christen persönlich und geistlich Rechenschaft geben über die Bedeutung ihrer Geschlechterrolle. Nach Genesis (1. Mose) 1,26 schuf Gott den Menschen nach seinem Ebenbild, männlich und weiblich zugleich. Die polare Spannung der Geschlechter ist nach biblischer Sicht in Gott selbst begründet. Neben den vielen männlichen Gottesbildern der Bibel finden sich dort auch „weibliche" Vergleiche für Gott: Das hebräische Wort für „Erbarmen" bedeutet gleichzeitig „Mutterschoß". Das Wort „ruach" (Wind, Atem, Geist) ist ursprünglich weiblich. Jesaja 66,13 heißt es: „Ich will euch trösten wie einen seine Mutter tröstet". Die feministische Theologie hat diese vernachlässigte und unterdrückte Seite der Bibel aufgedeckt.[3] Aber wie steht es mit der „ersten Seite" Gottes? Was ist überhaupt „Männlichkeit"? Je mehr Frauen sich selbst entdecken, desto deutlichere und positivere Konturen bekommt der Begriff der „Weiblichkeit". „Männlichkeit" droht dabei etwas zu werden, was nur noch negativ besetzt ist, womöglich eine Art Schimpfwort. Vielleicht sind die daraus resultierenden männlichen Minderwertigkeitsgefühle einer der Gründe, weshalb sich Männer, gar Theologen, nicht an das Thema wagen.
Ein amerikanischer Theologe und Franziskanerpater hat sich der Herausforderung gestellt. Seit 1984 hat er auf Konferenzen und Seminaren in den USA Vorträge mit dem provokativen Titel „Der wilde Mann" gehalten. Das Thema kommt an: *Marriage Encounter*, die größte amerikanische Be-

wegung für Ehe-Seminare, hat die Vortragsreihe von Richard Rohr zum offiziellen Jahres-Pflichtprogramm für ihre Gruppen gemacht. Das vorliegende Buch ist die Übersetzung dieser in freier Rede gehaltenen Gedanken.
Der Autor Richard Rohr ist Franziskaner, Amerikaner, Jungianer. Seine Gedanken sind nur auf dem Hintergrund seiner Biographie und seiner Theologie verständlich. Deswegen versuche ich, sein Leben und Denken knapp zu umreißen.[4]
Richard Rohr wurde 1943 als Sohn deutschstämmiger Katholiken im Bundesstaat Kansas geboren. Schon früh schickten ihn seine Eltern auf das weit entfernte Priesterseminar der Franziskaner in Cincinnati (Bundesstaat Ohio). Als junger Kaplan arbeitete er in einem Indianerreservat in New Mexico. 1971 berief man ihn gegen seinen Willen zum Religionslehrer an eine kirchliche Highschool in Cincinnati.
Damals war die Jesus-People-Bewegung auf ihrem Höhepunkt angelangt, und die charismatische Bewegung begann, sich auch in der katholischen Kirche wie ein Lauffeuer auszubreiten. Eine Art Erweckungsbewegung ging durch die gesamten Vereinigten Staaten. Junge Menschen erlebten spektakuläre Bekehrungen. Längst verschollen geglaubte biblische Geisterfahrungen und Geistesgaben, die bis dahin höchstens an sektiererischen Rändern der Kirche überlebt hatten, drangen tief in die Kerngemeinden der amerikanischen Großkirchen vor.
Richard Rohr hielt in dieser Zeit Wochenendseminare mit 18jährigen Oberschülern ab. Auf einem dieser Seminare kam es zu einem starken religiösen Aufbruchserlebnis unter den jungen Männern. Von nun an trafen sie sich regelmäßig mit ihrem jungen Priestermönch zu freien Gebetsgottesdiensten. Diese Versammlungen wuchsen innerhalb von einem Jahr auf über 1000 Dauerteilnehmer und -teilnehmerinnen an und mußten in eine Turnhalle verlegt werden. Schon bald sah der junge Pater die Gefahren solch enthusiastischer Großveranstaltungen. Für eine kleine Gruppe, die mehr

wollte als religiöse Gefühlserlebnisse, wurde das Thema „Gemeinsames Leben“ aktuell. Man wollte miteinander ausprobieren, was das Christentum für Auswirkungen hat, wenn es in alle Bezüge des Alltags übersetzt wird.
In einem heruntergekommenen Stadtteil der Industriestadt Cincinnati, nahe bei den Fabriktoren des Waschmittel-Giganten *Procter & Gamble,* begann das Experiment. Die jungen Leute wollten kein Kloster gründen, sondern mitten in den Herausforderungen der Großstadtwelt gemeinsam Zeichen eines anderen Lebensstils setzen. Zunächst entstanden Wohngemeinschaften, in denen junge Männer und Frauen zusammenlebten. Für amerikanisch-katholisches Empfinden Anfang der 70er Jahre war bereits das schockierend. Als die Gemeinschaft, die sich mittlerweile „New Jerusalem“ („Neues Jerusalem“) nannte, auch noch eine Laien-Leitungsstruktur aufbaute, bei der Frauen und Männer paritätisch beteiligt waren, rückte die im Kern konservative charismatische Bewegung immer mehr von Richard Rohr ab. Ihr bisheriger Starprediger wurde nicht mehr als Redner eingeladen. New Jerusalem kam schnell in den Ruf, liberal und humanistisch orientiert zu sein. Die Gemeinschaft begann zu wachsen. Auch Angehörige der mittleren Generation kamen hinzu, Ehen wurden geschlossen. Immer wieder besaß man die Freiheit, die Gemeinschaftsstrukturen den sich verändernden Verhältnissen anzupassen. Richard Rohr selbst zog sich von der Leitung zurück, um Platz zu schaffen für Laien. Schließlich war er nur noch „symbolisches Oberhaupt“ ohne Entscheidungsbefugnisse. New Jerusalem besteht heute aus über 200 Erwachsenen und fast ebensovielen Kindern.
Aus den ganzen USA, schließlich aus der ganzen Welt erreichten den unkonventionellen Pater Einladungen, Vorträge und Seminare über „seine Themen“ zu halten. Seine Themen waren immer wieder die Erneuerung der Kirche im Sinne des 2. Vatikanischen Konzils, die Eingliederung der

Kleinfamilie in eine verbindlich gelebte, größere Gemeinschaft[5], der Umgang mit Aggression und Sexualität, geistliches Leben und Gebet und – immer mehr – die gesellschaftliche Verantwortung der Christen für die Armen und für die Erhaltung des Friedens.

Ende der 70er Jahre schloß sich New Jerusalem mit sechs weiteren Kommunitäten (fünf davon waren protestantisch) zu einer „Community of Communities" (Gemeinschaft von Gemeinschaften) zusammen, die durch folgende Ziele verbunden sind: die Einheit von geistlichem Leben und gesellschaftlichem Engagement; der Aufbau von Gemeinschaften, in denen das einzelne Mitglied menschlich und geistlich wachsen kann und zugleich immer fähiger wird, sich den Herausforderungen der Gegenwart zu stellen; einfacher Lebensstil in Solidarität mit den Armen; Gebet und Gewaltlosigkeit als geistliche Disziplin; Balance zwischen Kampf und Kontemplation. Der Zusammenschluß der Gemeinschaften führte auch zu der engen Freundschaft mit *Jim Wallis,* dem Gründer der *Sojourners*, einer politisch hochaktiven Gruppe, die in den Slums von Washington lebt und der tragende Kern der amerikanischen christlichen Friedensbewegung ist.[6] Zusammen mit Jim Wallis und über 200 anderen Christen wurde Richard Rohr Pfingsten 1983 bei einem Friedensgebet in der Kuppelhalle des US-Kongreß-Gebäudes festgenommen und wegen „bürgerlichen Ungehorsams" inhaftiert. Im selben Jahr hielten beide gemeinsam Bibelarbeiten auf dem Deutschen Evangelischen Kirchentag in Hannover und eine Reihe weiterer Seminare und Vorträge in der Bundesrepublik und in Ost-Berlin. Anläßlich des Deutschlandbesuchs kam es auch zu einem regen persönlichen Austausch mit *Helmut Gollwitzer.*

Im Frühjahr 1985 hat sich Richard Rohr ganz aus der Gemeinschaft zurückgezogen, um sich ein Sabbat-Jahr zu gönnen. Vier Wochen verbrachte er als Einsiedler in der Eremitage des großen amerikanischen Mystikers *Thomas Merton*

im Trappistenkloster Gethsemani, Kentucky. Nach der Ruhepause hofft er, eine neue Kommunität im Südwesten der USA gründen zu können.
Richard Rohr ist ein „Sprecher", kein „Schreiber". Seine Gedanken werden im freien Vortrag geboren, auf Kassetten vervielfältigt und weltweit verkauft. Er hat nur wenige Zeilen geschrieben und gehört doch zu den einflußreichsten und bekanntesten Gestalten des amerikanischen Katholizismus. Seine Faszination beruht auf seiner persönlichen Ausstrahlung als Prediger und Seelsorger (die sich natürlich in eine Buchübersetzung nicht einfangen läßt) und in seiner Fähigkeit, geistlich-theologische Erkenntnisse und Ergebnisse der Humanwissenschaften zusammen zu sehen und in eine unverbrauchte Sprache zu kleiden. Der Brückenschlag von der Bibel zu aktuellen psychologischen und gesellschaftlichen Fragestellungen gelingt ihm ohne klerikale Tricks. Er steht in der Kirche und ist doch einer ihrer radikalen Kritiker. Er hat hoffnungsvolle Zukunftsvisionen, die nicht nur aus dem Nachdenken kommen, sondern in seiner Lebensgemeinschaft mit Erfolg erprobt wurden und werden. (Als ich 1977 New Jerusalem zum ersten Mal besuchte, hatte ich nach wenigen Tagen den Eindruck: Das ist ein *Zukunftsmodell* der Kirche.)
In Richard Rohr fließen Strömungen zusammen, die in der Kirche sonst in der Regel nur als polare Gegensätze vorkommen und gleichsam im Krieg miteinander liegen. Pater Rohrs Fähigkeit zur Synthese und zum ganzheitlichen Erfassen der Wirklichkeit kann angesichts der ideologischen Spannungen, die quer durch die Kirchen gehen, befreien.

1. Franziskanisches Erbe

Richard Rohr ist ein bewußter Jünger des armen Mannes aus Assisi. Franziskus hat sich wie kein anderer Heiliger von der Welt abgewandt, um sich neu und ganz der Welt zuzuwenden. Seine Liebe zu den Menschen und zur Schöpfung kannte keine Grenzen. Die Inkarnation (Menschwerdung) Gottes in Christus war für Franz von Assisi Anlaß, das Diesseits zu bejahen. Deswegen war für ihn das Evangelium etwas, was selbstverständlich im Diesseits gelebt werden konnte, die Bergpredigt ein Manifest für das Zusammenleben in dieser Welt. In allem und hinter allem Diesseitigen konnte er die unsichtbare Wirklichkeit Gottes sehen. Als die Kirche Kreuzzüge führte, machte sich Franz zu einer gewaltfreien Friedensmission ins Heilige Land auf. Franz von Assisi war ein Sohn der Kirche und blieb es bis an sein Lebensende. Seine Kirchenkritik kam von „innen". Durch sein Leben hielt er der reichen und verweltlichten Kirche des Mittelalters einen Spiegel vor, in den sie blicken mußte. Gerade seine Loyalität zur Institution zwang die Institution, auf ihn zu hören.

Die Liebe zu den Armen und zur Welt, der einfache Lebensstil, ein fröhlicher Humor und der gewaltfreie Weg verbinden Richard Rohr mit seinem Ordensvater.

2. Die Bibel

Richard Rohr ist ursprünglich Bibellehrer. Er lebt, fühlt und denkt in der Bibel und mit der Bibel. Mitten in psychologischen Gedankengängen fallen ihm Belegstellen aus der Heiligen Schrift ein. Er versteht die Symbolsprache der Bibel und scheut vor tiefenpsychologischer Auslegung nicht zurück. Gerade seine Bindung an die Schrift erlaubt ihm einen souveränen Umgang mit ihren Inhalten.

3. Die charismatische Bewegung

Der charismatische Aufbruch in den amerikanischen Großkirchen der 70er Jahre gehört zu den erstaunlichsten kirchengeschichtlichen Phänomenen unserer Zeit. Durch die Lektüre der Apostelgeschichte des Lukas und durch die Begegnung mit der sogenannten „Pfingstbewegung" (einem charismatischen Aufbruch vom Anfang dieses Jahrhunderts, der aber bald ins sektiererische Abseits gedrängt wurde) begannen in den 60er Jahren auch Priester und Ordensleute der katholischen Kirche und Pfarrer evangelischer Kirchen zusammen mit einfachen Gemeindegliedern um eine neue Ausgießung des Heiligen Geistes zu beten. In vielen dieser Gruppen kam es zu geistlichen Aufbrüchen, die an die neutestamentlichen Geisterfahrungen erinnerten (vgl. 1. Kor. 12,14). Ungewöhnliche Phänomene wie das Beten in fremden, nicht bewußt erlernten Sprachen („Zungenrede"), Krankenheilungen und Prophezeiungen, gepaart mit größerer Glaubensgewißheit und einer neuen, innigen Gottesbeziehung, kennzeichneten diese Bewegung.[7] Bald verband sie sich vielfach mit einer sehr „steilen", konservativen und weltabgewandten Theologie. An kirchlichen Strukturen wurde kaum gerüttelt. Geistliche Erfahrungen verblieben oft im Raum der Kirche oder der persönlichen Innerlichkeit, anstatt gesellschaftlich wirksam zu werden.

Auch die Anfänge von New Jerusalem waren durch solch spektakuläre geistliche Erfahrungen geprägt. Noch heute werden die Geistesgaben in New Jerusalem – wenn auch mehr in der Stille – praktiziert. Durch die un-autoritäre, „feministische" und schließlich gesellschaftspolitische Ausrichtung der Gemeinschaft löste sie sich jedoch vom Hauptstrom der Charismatiker und fand neue Freunde zum Beispiel in der Friedensbewegung. Während sich Teile der charismatischen Bewegung zu einer amerikanischen Glücks- und Erfolgsreligion entwickelten, ging Richard Rohr mit seiner Gemeinschaft in bewußter Nachfolge des armen Franz von Assisi den entgegengesetzten Weg. Der franziskanische Weg führte eher „nach unten" als „nach oben".

4. Die Trinitätslehre

Aus der charismatischen Bewegung stammt die starke Reflexion des Wirkens des göttlichen Geistes und die Auseinandersetzung mit der Trinitätslehre. Das christliche Dogma von dem einen Gott, der dennoch „dreifaltig" ist, ist vielen Menschen von heute unverständlich. Für Richard Rohr ist es das Herz der Theologie. „Gott ist Liebe", heißt es im 1. Johannesbrief (Kap. 4). Liebe bedeutet Beziehung zwischen einem „Ich" und einem „Du". Der dreieinige Gott *ist* in sich selbst Liebe, Beziehung zwischen Vater und Sohn. Die „Energie" dieser Liebesbeziehung ist der Heilige Geist. Die Kraft und Vollmacht Jesu geht nach Pfingsten auf die ganze Kirche über. Der Geist, den Jesus bei seiner Taufe empfangen hat, erfüllte nun die Herzen aller Glaubenden. (Joh. 14,16ff.; 16,4ff.; Apg. 2) Im Heiligen Geist bekommen wir Menschen Anteil an der Liebe, die Gott selbst ist. Der Heilige Geist ist die Selbstmitteilung der Liebe Gottes an uns Menschen. Er ist erfahrbar. Wenn uns das Wort Gottes „trifft", wenn wir im Glauben Gemeinschaft mit anderen erleben, die über seelische Sympathie hinausgeht, wenn in uns Gaben und Kräfte freigesetzt werden, die dem Aufbau der Gemeinde und dem Einsatz für die Menschen dienen, dann ist der göttliche Geist in uns am Werk. Nach neutestamentlicher Auffassung ist es der Heilige Geist, der uns die Gewißheit schenkt, daß wir Kinder Gottes sind und daß wir – wie Jesus – zu Gott „Vater" sagen können, ohne dabei an den Vorstellungen von „Vater" hängenzubleiben, die sich an unserem leiblichen Vater gebildet haben. Der Heilige Geist befähigt uns, zu Gott jenes vertrauensvolle Verhältnis zu gewinnen, das Jesus zu seinem himmlischen Vater gehabt hat. Insofern ist der *Heilige Geist* auch *heilender Geist*: Er heilt in uns die belastenden Vater- und Mutterbilder unserer Kindheit, die wir auf Gott unbewußt übertragen und die einem befreienden und befreiten Glauben im Wege stehen. Deshalb spricht Jesus auch so oft davon, daß ein Mensch Vater und Mutter *verlassen* muß, um ins Reich Gottes zu gelangen. Die Lösung von den Eltern um des Reiches Gottes willen löst uns auch von den Rollenclichés unserer Geschlechter, die wir durch unsere Erziehung unbewußt aufnehmen. Der Geist ermöglicht uns eine „neue Geburt" (Joh. 3) und versetzt uns in eine neue Wirklichkeit, die Jesus das Reich Gottes nennt. Dort gelten andere Gesetze als in der jeweils bestehenden Gesellschaftsordnung. Jesus selbst wird durch seine intime Gottesbeziehung zu einem Mann, der die gesellschaftlichen Rollenerwartungen seiner Zeit hinter sich läßt. Er vereinigt männliche und weibliche Möglichkeiten in sich.[8] Dennoch ist er kein geschlechtsloser Zwitter, sondern ein *Mann*. Er ist der Prototyp des „wilden Mannes", von dem Richard Rohr redet: ein Mann, der seine „weiblichen" Anteile voll aufnimmt und integriert, ohne dabei zu verweichlichen oder zu verweiblichen. Jesus ist fähig zu Zärtlichkeit, Hingabe, Gewaltlosigkeit und Verletzlichkeit. Er ist aber zugleich fähig zu aktivem Handeln, zu harter Konfrontation, zu Konflikt und Auseinandersetzung. Er ist *ganzer* Mensch und *ganzer* Mann.

5. *Die Tiefenpsychologie C. G. Jungs*

C. G. Jung, der Freud-Schüler und Psychotherapeut, hat sich wie kein anderer mit der Psychologie des Glaubens befaßt. Obwohl Jung seine wichtigsten Werke in den 20er und 30er Jahren geschrieben hat, wird erst heute seine Bedeutung entdeckt. Jung geht davon aus, daß die Suche des Menschen

Jesus Christus – ganzer Mann
Der nackte Auferstandene von Michelangelo

nach seinem eigenen tiefsten Selbst und die Suche nach Gott eng zusammengehören. Er mißt dabei den Träumen große Bedeutung bei. Sie sind die Brücke vom Bewußten zum Unbewußten, von der rationalen zur nicht-rationalen Wirklichkeit und somit in gewisser Weise auch eine Brücke in die sonst unsichtbare Welt des göttlichen Geistes.

C. G. Jung hat auch eine eigene Psychologie der Geschlechter entwickelt. Jedes Geschlecht ist radikal ergänzungsbedürftig durch das andere. Der Mann trägt in sich das Verlangen nach dem Weiblichen (seiner „anima"), die Frau nach dem Männlichen (ihrem „animus"). In der biblischen Geschichte von der Erschaffung Evas aus der Rippe Adams hat sich die Erinnerung erhalten, daß das Weibliche nichts ist, was dem Mann wesenhaft fremd ist, sondern gleichsam ein fehlendes Stück von ihm – und umgekehrt. Zur Selbstwerdung (Individuation) gehört nach C. G. Jung die Auseinandersetzung mit den gegengeschlechtlichen Anteilen in mir selbst. Nur ein Mensch, der diese Anteile in sich selbst wahrnimmt, annimmt und „integriert", wird frei davon, jeweils Besitz ergreifen zu müssen von gegengeschlechtlichen Partnern oder sich in klammernde Symbiose-Beziehungen zu begeben.

Zur Selbstwerdung gehört nach Jung neben der Auseinandersetzung mit dem anderen Geschlecht aber auch die intensive Auseinandersetzung mit dem eigenen Geschlecht. Viele Autoritäts- und Machtprobleme unserer Gesellschaft hängen damit zusammen, daß Männer ihre eigene Männlichkeit nicht entdeckt und angenommen haben und um die Aufnahme in den „Club der Männer" kämpfen müssen. Die nichtintegrierten Bestandteile des eigenen Geschlechts nennt Jung „Schatten". Der Schatten wirkt sich in Minderwertigkeitsgefühlen, Konkurrenzkämpfen und Autoritätsängsten oft sehr zerstörerisch aus.

Die Begriffe „männlich" und „weiblich", die Richard Rohr im Sinne Jungs verwendet, können mißverstanden werden.

Viele Feministinnen lehnen Jung ab, weil seine Begrifflichkeit auf sie festlegend wirkt: Der Frau werden von Jung eher Gefühl, Passivität und Intuition zugesprochen, dem Mann dagegen Wille, Verstand und Aktivität. Gerade die Jungsche Terminologie kann leicht zu einer Festschreibung von Rollenclichés mißbraucht werden. Die Kritikerinnen Jungs übersehen oft, daß, wie Jung betont, jeder Mensch in sich weibliche und männliche Anteile hat und daß zur Selbst- und Ganzwerdung gerade die Entdeckung und Integration der gegengeschlechtlichen Anteile gehört. Ein Mann, der seine „weibliche" Seite nicht entwickelt, wird nie ein ganzer Mensch. Eine Frau, die ihre rationale, aktive und selbständige Seite vernachlässigt, bleibt ebenfalls nur ein halbes Selbst.
Richard Rohr benutzte die Sprache der Sexualität, weil sie – bei aller Mißverständlichkeit – stärkere Assoziationen und intensivere innere Beteiligung seiner Zuhörer hervorruft als jede andere Terminologie. Die östlichen Begriffe von „Yin" und „Yang" beispielsweise umschreiben in etwa die gleiche Polarität, die Jung „weiblich" und „männlich" nennt. Für westliche Hörer und Leser haben zwar solche östlichen Begriffe die Faszination des Exotischen, lösen aber keine vergleichbare persönliche Betroffenheit aus. Dennoch bleibt es wichtig, daß der Leser bei allen Ausführungen Richard Rohrs im Hinterkopf behält, daß es ihm immer um die *Ganzwerdung* des Menschen geht, um die Entdeckung und Entfaltung bisher unterentwickelter Seiten der Person.
Pater Rohr integriert die psychologischen Einsichten C. G. Jungs in ein geistlich-spirituelles Konzept. Seine „Psycho-Theologie", wie er sie selbst gerne nennt, bietet dem psychologisch interessierten Hörer und Leser Zugänge von der Psyche zum Geist, von der seelischen Erfahrung des Menschseins zum Glauben. Den Glaubenden führt sie weg von lebensfremden Abstraktionen in einen Raum, wo biblischer Glaube und Lebenserfahrung einander berühren und durch-

dringen können. Die geistliche Anleitung nicht nur zum Glauben, sondern zum ganzheitlichen *Leben,* hat eine lange Tradition. Die Lehre Jesu selbst ist größtenteils praktische Anweisung zum Leben. Die Mönchsväter der ersten Jahrhunderte haben ihre Schüler mit oft erstaunlicher psychologischer Intuition in das christliche Leben eingeführt.[9] Glaube und Psychologie müssen keine Feinde sein, sondern können einander befruchten. Richard Rohr führt vor, wie das aussehen kann. Seine Einsichten sind in langen Jahren der Gemeindegründung und der praktischen Seelsorge vielfach getestet und erprobt worden.

6. Theologie der Befreiung

Durch viele Reisen in die Dritte Welt ist Richard Rohr mit der Theologie der Armen und mit der Theologie der Befreiung in Berührung gekommen.[10] Die Dritte Welt trägt die *materiellen* Folgen unseres verfehlten westlichen Lebensstils. Wir selbst leiden in erster Linie an seinen *psychischen* Folgen. Wir müssen viele psychische Barrieren und Hindernisse überwinden und von ihnen geheilt werden, um die materiellen Sicherheiten unseres Lebensstils loszulassen, die uns selbst schaden und uns zudem von den Armen trennen. Der Blick über den eigenen Zaun, der Ausbruch aus der eigenen begrenzten Welt, der Kampf für Frieden und Gerechtigkeit auf der ganzen Erde ist Teil dessen, was Richard Rohr unter Befreiung zu echter Männlichkeit versteht. *Martin Luther King* und *Mahatma Gandhi,* Prototypen dessen, was Richard Rohr unter „wilden Männern" versteht, bewiesen ihre Größe gerade darin, daß sie einen Horizont und Lebensziele hatten, die weit über ihre egoistischen Interessen hinausgingen. Weil sie von sich selbst befreit waren, konnten sie zu Befreiern werden.

Richard Rohr trägt seine Gedanken in freier Rede vor. Eine

Wilde Männer:
Martin Luther King
Mahatma Gandhi

strenge Systematik läßt sich dabei nicht erkennen. Das führt mitunter zu Sprüngen oder längeren Exkursen mitten im Redefluß. Wir haben diese Form der Darstellung bewußt beibehalten und nur durch Zwischenüberschriften etwas gegliedert. Auf diese Weise bleibt etwas von der Frische eines lebendigen Vortrags erhalten. Vieles, was Richard Rohr zum Thema Männlichkeit sagt, ist so etwas wie ein erster Anlauf, eine Art „Brainstorming", weniger eine wissenschaftlich ausgefeilte Untersuchung. Das hat bei dieser sozusagen neuen Materie den Vorteil, daß es viel Raum läßt zum eigenen Weiterdenken oder zum Gespräch mit anderen. Richard Rohr will keine fertigen Ergebnisse liefern, sondern zu eigenen Erfahrungsprozessen und zum Austausch mit anderen ermuntern.

Für die Mithilfe beim Erstellen der deutschen Fassung danke ich meinen Freunden *Marion Küstenmacher, Wolfram Nugel* und *Christian Sudermann.*

Andreas Ebert

ANMERKUNGEN ZUR VOR-REDE

1 Neben dem Berg von Frauenliteratur, der in den letzten Jahren auf den Markt gekommen ist, finden sich nur verschwindend wenige Titel, die sich mit der „Emanzipation" des Mannes befassen. Es handelt sich dabei meist um Erfahrungsberichte von Männergruppen, die oft eher die männliche Unsicherheit und Hilflosigkeit widerspiegeln, als daß sie selbst eine neue Vision von „Männlichkeit" anzubieten hätten. So z. B. *Wolfram Kowalewsky*, „Zwischen Chauvi und Softi – Das Buch zur Emanzipation des Mannes", Bund-Verlag Köln 1984. Aufregender, wenn auch vom Ansatz her nihilistisch: *Volker Elis Pilgrim*, „Manifest für den freien Mann", rororo Reinbek 1983. Mit der Rollenunsicherheit heutiger Männer befassen sich auch die Beiträge in verschiedenen Männerreadern wie „Unbändig männlich", rororo Reinbek 1983 oder *Gerd Wolter*, „Männerbeschreibungen", editions tréves Trier 1980. *Herbert Grönemeyers* Hit „Männer" kaschiert und offenbart diese Unsicherheit mit Mitteln männlicher Selbstironie.

2 Aus christlicher Sicht ist vor einigen Jahren das Büchlein „Der mißverstandene Mann" von *Walter Trobisch*, Edition Trobisch, Kehl am Rhein 1983 erschienen. An alten Clichés wird hier nicht grundsätzlich gerüttelt, allerdings wird den Männern das Fühlen erlaubt.

3 Nur einige Titel aus der Überfülle der Literatur: *Elisabeth Moltmann-Wendel*, „Das Land, wo Milch und Honig fließt – Perspektiven einer feministischen Theologie" Gütersloher Verlagshaus 1985. *Christa Mulack,* „Die Weiblichkeit Gottes – Matriachale Voraussetzungen des Gottesbildes", Kreuz Verlag Stuttgart 1983. *Catharina J. M. Halkes* „Gott hat nicht nur starke Söhne – Grundzüge einer feministischen Theologie", Gütersloher Verlagshaus 1980. *Ingeborg Hausschildt* „Gott eine Frau? Weg und Irrweg der feministischen Theologie", Brockhaus Wuppertal 1983. Sehr lesenswert auch:
Helmut Barz, „Männersache – Kritischer Beifall für den Feminismus", Kreuz Verlag Zürich 1984.

4 1981 hat Richard Rohr in Würzburg und Nürnberg zwei grundlegende Vorträge über die Kirche gehalten. Da diese Vorträge eine gute Einführung in sein Denken geben, sind sie *im Anhang dieses Buches* abgedruckt. Innere Differenzen – z. B. in der Verhältnisbestimmung von „Sein" und „Tun" – hängen mit der Weiterentwicklung des Autors zusammen.

5 Schon in frühen Vorträgen reflektierte Richard Rohr das Verhältnis von „natürlicher Familie" und „geistlicher Familie". Nachdem die Großfamilie in der modernen Industriegesellschaft weitgehend zerfallen ist, sieht Richard Rohr die christliche Gemeinde als Möglichkeit an, die Problematik der Kleinfamilie konstruktiv zu überwinden. Das setzt freilich voraus, daß sich die Gemeinde als Gemeinschaft versteht und verbindlich lebt. In New Jerusalem wird die Kleinfamilie als Zelle der Gemeinschaft nicht angetastet. Aber die Kommunität ist der Bezugsrahmen, in dem Austausch, Gemeinschaft, Engagement, gegenseitige Unterstützung und Feste ihren Platz haben.

6 *Jim Wallis* stellt in seinen Büchern die geistlichen Grundlagen dieser neuen kommunitären Bewegung dar, die persönliche Frömmigkeit und politisches Handeln vereinen und so die innerkirchliche Polarisierung zwischen oft konservativen „Frommen“ und progressiveren „Engagierten“ überbrücken will. *Jim Wallis* „Bekehrung zum Leben – Nachfolge im Atomzeitalter“, Brendow Moers 1983; ders.: „Wiederbelebung – Meine Pilgerreise“, Brendow Moers 1984.

7 Eine ausgezeichnete Einführung zu den charismatischen Phänomenen ist *Heribert Mühlen* (Hrsg.), „Geistesgaben heute“, Matthias-Grünewald-Verlag Husum 1982. Eine grundsätzlich konstruktiv-kritische Gesamtdarstellung bei *Siegfried Großmann,* „Haushalter der Gnade Gottes – von der charismatischen Bewegung zur charismatischen Erneuerung der Gemeinde“, Oncken Wuppertal/Kassel 1978. Auslöser der Bewegung war neben der Bibel vor allem der Erfahrungsbericht des jungen Pfingstpastors *David Wilkerson,* „Das Kreuz und die Messerhelden“, Leuchter Verlag Erzhausen 1983[25], der von seiner Arbeit mit New Yorker Straßenbanden berichtet.

8 Aus psychoanalytischer Sicht dazu *Hanna Wolff,* „Jesus der Mann“, Radius-Verlag Stuttgart 1975.

9 Geistliche Lebenshilfe unter Einbeziehung tiefenpsychologischer Erkenntnisse bietet vor allem die Heftreihe „Münsterschwarzacher Kleinschriften“, z. B. *Anselm Grün* „Gebet und Selbsterkenntnis“ (Heft 1); ders. „Der Umgang mit dem Bösen“ (Heft 6); *H. Louf / M. Dufner* „Geistliche Vaterschaft“ (Heft 26). Zum Verhältnis von C. G. Jung zum christlichen Glauben die leicht lesbare Einführung von *Gerhard Wehr* „Damaskuserlebnis – Der Weg zu Christus nach C. G. Jung“, Kreuz Verlag Stuttgart 1982.

10 Zur Theologie der Befreiung: *Leonardo Boff* „Kirche und Charisma – Studien zu einer streitbaren Ekklesiologie“, Patmos Düsseldorf 1985[2], *Gustavo Guttiérez,* „Theologie der Befreiung“, Christian Kaiser/Matthias-Grünewald-Verlag München/Husum 1985[8]; „Theologie der Befreiung im Gespräch. Mit Leonardo Boff, Peter Eicher, Horst Goldstein, Gustavo Guttiérez, Josef Sayer“, Kösel-Verlag München 1985.

Erste Rede

DER HELDENWEG

Ich bewundere Leute, die sich auf das Thema dieser Vortragsreihe über Männlichkeit und Spiritualität einlassen, ohne genau zu wissen, wohin sie das führen könnte. Von all den Themen, mit denen ich mich in den letzten Jahren befaßt habe, hat dieses bei meinen Hörern die stärksten Emotionen ausgelöst. Ich halte oft Einkehrtage für katholische Priester. Seit letztem Jahr pflege ich dabei jeweils auch über „Männlichkeit" zu reden und stelle fest, daß nichts anderes auf so reges Interesse stößt. In der Familienkommunität „New Jerusalem", in der ich lebe, habe ich meine Gedanken und Thesen zu diesen Fragen ebenfalls erprobt und mit den Männern dort auf Wochenend-Seminaren gründlich diskutiert. Aus bisherigen Erfahrungen schöpfe ich also die Hoffnung, daß diese Sache „dran" ist und Männern helfen kann, sich besser zu verstehen und sich positiv zu verändern.
Es geht mir nicht nur darum, daß christliche Männergruppen oder eine Männerbefreiungsbewegung entstehen – obwohl das gut wäre. Ich wende mich zunächst an den einzelnen Mann und an sein *Unbewußtes*. Mein Ziel ist es, daß sich einige Türen des Unbewußten öffnen, daß etwas *bewußt* gemacht wird – und daß dies schließlich etwas ist, was „man" mit seiner Frau oder Partnerin besprechen kann, aber vor allem auch mit seinen männlichen Freunden.

Krüppel, Machtkonservative und Jesus

Als Mönch und Priester steige ich natürlich gerne mit einem Abschnitt aus der Bibel ein, der mir vor einiger Zeit auffiel. Wenn wir genau hinsehen, dann merken wir – vielleicht auch erst auf den zweiten Blick, – daß diese Textstelle sehr viel für unser Thema hergibt:

An einem Sabbat ging Jesus in eine Synagoge, um zu lehren. Dort war ein Mann, dessen rechte Hand war völlig gelähmt. Die Pharisäer und Schriftgelehrten lauerten und beobachteten genau, ob er ihn am Sabbat heilen würde, damit sie eine Anklage gegen ihn hätten. Er wußte, was sie dachten. Zu dem Mann mit der kranken Hand sagte er: „Steh auf und komm vor!“ Er stand auf und trat nach vorne. „Jetzt frage ich euch“, sagte Jesus: „was ist am Sabbat erlaubt? Gutes zu tun oder Böses zu tun, Leben zu retten oder Leben zu vernichten?“ Er sah alle an, die herumstanden, und sagte dann zu dem Mann: „Streck deine Hand aus!“ Das tat er, und die Hand war geheilt. Da wurden sie wütend und berieten sich untereinander, was sie mit Jesus tun könnten. (Lk 6,6–11)

Diese fünf Verse aus dem Lukasevangelium sind für mich eine Art Gleichnis für das, wovon ich reden will. Hier treten drei verschiedene „Typen“ von Männern auf: *Der Mann mit der verdorrten Hand.* Er ist für mich ein Bild für eine große Anzahl von Männern, die unsere Gesellschaft hervorbringt. Die rechte Hand ist die Hand der Tat, die Hand, die arbeitet und etwas leistet, die weltverändernd wirkt. Diese Hand ist verdorrt, abgestorben, funktionsgehemmt.

Der Krüppel ist ein schwacher Mann. Von ihm heißt es, er *war* in der Synagoge. Er ist einfach da. Er hat keine Funktion, ergreift keine Initiative. Er kommt nicht von sich aus auf Jesus zu, er bittet um nichts. Jesus spricht ihn an. In vielen anderen biblischen Geschichten kommen die Menschen mit ihren Anliegen zu Jesus. Hier ist Jesus der Agierende. Er muß den Mann geradezu überreden, sich heilen zu lassen: „Steh auf und tritt vor!“ Immerhin reagiert der Mann trotz seiner Passivität: Was Jesus befiehlt, das tut er. Aber er spricht kein Wort; er ist nicht nur gelähmt, sondern auch un-mündig. Nach dem Wunder dankt er nicht, er läuft auch nicht los, um sein Erlebnis weiterzuerzählen, wie es bei den meisten anderen Heilungsgeschichten der Fall ist: Er ist ein passiver Mann, der nicht agiert, sondern immer nur reagiert. Man hat nicht den Eindruck eines Mannes, der sein Leben in die Hand nimmt oder irgendein Ziel hat. – Er ist der Prototyp einer großen Anzahl – wenn nicht der Mehrzahl – von Männern überhaupt. Das gilt nicht nur für unsere Gesellschaft, sondern für die meisten Kulturen, die ich kennengelernt habe. Nimm ihnen Geld, Sex und Macht – und die meisten Männer dieser Erde haben keine Lebensmotivation mehr. Sie sind unfähig zu entscheiden, wie und wofür sie leben und wer sie wirklich sein wollen. Das ist einer der Gründe dafür, weshalb es heute so wenig männliche Spiritualität gibt und so wenige ausgeprägte Männerpersönlichkeiten. Die meisten Männer sind unfähig, sich von innen her zu verstehen und zu motivieren. Sie brauchen den Antrieb von außen, etwas, was sie anregt, belohnt, befördert, sichert, bevor sie etwas unternehmen. Das ist das Gegenteil von dem, was ich eine „geistliche Persönlichkeit" nenne. Spiritualität bedeutet: aus einer inneren, geistlichen Energiequelle zu leben. „Spiritus" ist das lateinische Wort für „Geist" und liegt jenseits von Geld, Sex und Macht (wenn ich einmal diese drei Schlagworte nennen darf, über die wir Prediger gerne lamentieren).

Obwohl es sich in Lukas 6 um eine Heilungsgeschichte handelt, fragt man sich am Ende: Ist der Mann wirklich geheilt? Die Geschichte selbst liefert keinen Anhaltspunkt dafür. Vielleicht ist seine rechte Hand wieder funktionstüchtig – in allen anderen Lebensbereichen sehen wir keine Veränderung.

Ich habe mich einige Jahre lang mit Krankenheilung durch Gebet beschäftigt. Dabei wurde ich Zeuge, wie Menschen auf wundersame Weise körperlich geheilt wurden, manchmal in kürzester Zeit. Aber ich habe dabei auch etwas anderes erlebt, was sich geradezu schematisch wiederholt hat: Wenn diese körperlichen Heilungen nicht bald durch geistliche, psychische und emotionale Veränderungen „abgedeckt" wurden, kamen die Symptome irgendwann zurück. Ich nehme an, daß das bei Jesus nicht anders war. „Damit du weißt, daß deine Sünden vergeben sind", sagt er einmal zu einem Gelähmten, „steh auf, nimm dein Bett und geh heim!" (Mk. 2,10). Die körperliche Heilung ist immer eine Herausforderung an den Menschen, sich innerlich zu verändern, seine Persönlichkeit zu erneuern, seine Seele, sein Lebensziel.

Dann sind da die *Pharisäer und Schriftgelehrten.* Das sind die Kirchenleute, die Vertreter der Religion. Sie nehmen ihre Religion ernst, aber sie versuchen zu verhindern, daß eine reale, lebensverändernde Begegnung zwischen Gott und Mensch stattfindet. Jesus symbolisiert Leben, Freiheit, etwas völlig Neues – aber gerade die Repräsentanten der Religion wollen die Begegnung zwischen Leben und Tod, das echte Ereignis, abblocken. Bis zum heutigen Tag funktioniert institutionalisierte Religion sehr oft nach diesem Muster. Die Pharisäer sind Gefangene ihrer eigenen Gedankengebäude und Prinzipien, unfähig, ihre eigene Ideologie hinter sich zu lassen. Dasselbe Spiel erleben wir auch heute: Ideologien, die einander bekämpfen, Menschen, die Gefangene in ihren eigenen Gedankengebäuden sind. In den fünf kurzen Versen unserer Erzählung erfahren wir über die Pharisäer folgendes: sie *lauern.* Sie engagieren sich nicht, sondern *beobachten* aus sicherem Abstand. Sie *kritisieren* und *bewerten* aus der Distanz, „damit sie einen Grund der Anklage gegen ihn fänden". Diese Leute sind *Macht-Konservative.* Sie wollen am Bestehenden festhalten, aber nicht, weil es ihnen um die Bewahrung wirklicher Werte geht, sondern um ihre Position, um Macht, um Sicherheit. Es ist schwer, mit solchen Leuten zusammenzuarbeiten. Mit *Werte-Konservativen* tut man sich leichter. Aber mit Menschen, denen es um pure Machterhaltung und Systemstabilisierung geht – unter dem Deckmantel von Religion und Werten –, kann man keine gemeinsame Sache machen. Denn es geht ihnen gar nicht wirklich um das, wovon sie reden. Man kann Religion für alles mißbrauchen, wie man zur Zeit vor allem in Amerika sehen kann: *Jeder* ist für Gott und Vaterland.

Über die Pharisäer und Schriftgelehrten heißt es weiter: sie *haben Gedanken*, aber sie sagen sie nicht. Sie schweigen, als Jesus sie fragt. Am Ende aber sind sie *wütend, beleidigt* – und jetzt reden sie! Sie diskutieren miteinander, was sie Jesus antun könnten. „Wie können wir diese Freiheit, dieses Leben, diese Heilungen zum Stillstand bringen?" Diese Männer sind dreifach gefangen: In ihrem *Denken*, in ihren *Ängsten* und in ihrer *Gruppe*. Sie treten nicht als einzelne auf, sondern als Clique. Sie vertreten den herrschenden religiösen Standpunkt, sie denken, wie „man" denkt. Ohne Gruppe sind sie unfähig zu denken. Sie sind keine Persönlichkeiten, ihnen fehlt eigenes Bewußtsein und ein individuelles Gewissen. Das Gruppendenken tritt an die Stelle eigener innerer Überzeugung. Auf diese Weise ist man sicher; man kann ein moralisch einwandfreies Leben führen und wird nirgends anekken. Aber wer so lebt, ist nicht fähig, Herausforderungen zu bestehen, die echte Gewissensentscheidungen erfordern.

Schließlich ist da der *Mann Jesus*. In nur fünf Versen hören wir über diesen einen Mann: Er *geht*, er *lehrt*, er *sieht*, er *erkennt*, er *nimmt Anschuldigungen entgegen*, ohne in Panik zu geraten (als Redner weiß ich, was es heißt, vor einer feindseligen Zuhörerschaft zu sprechen, die nur darauf wartet, daß du in die Falle gehst, und sie beweisen können, daß du ein Ketzer bist, den Papst nicht leiden kannst oder ähnliches. Die wissen das schon vorher, und so werden sie auch etwas finden, was sie bestätigt). Jesus sieht diesen Leuten ins Auge, ohne nervös zu werden. Er kennt ihre Gedanken. Er spricht, oder, besser gesagt, er gibt Anweisungen: „Steh auf, tritt vor, streck deine Hand aus!" Jesus hat *innere Autorität*, eine Art „Nicht-Furcht". Er weiß, was er will. Er *konfrontiert* seine Zuhörer: „Ich frage euch: soll man . . .". Er sieht sie alle an, weicht ihren Blicken nicht aus, begegnet seinen Gegnern

Auge in Auge. Er wartet, dann spricht er wieder: „Strecke deine Hand aus!" Jesus entschuldigt sich nicht, er erklärt nichts, er spricht – und es geschieht. Er wartet auf keinen Applaus, scheint keine Anerkennung zu brauchen. Er erträgt ihr Komplott. Er kann *leiden* ohne *beleidigt* zu sein.

Direkt nach dieser Geschichte heißt es dann: „Danach ging er allein auf einen Berg, um zu beten." – Und danach wählt er 12 Männer zu Aposteln. Ich verstehe das so: Die Atmosphäre dieser Geschichte ist mir, wie gesagt, nicht unbekannt: Wenn man zu Menschen redet, die nicht verstehen, die feindselig sind. Meine Erfahrung dabei ist die: Wenn man von negativer Energie umgeben wird, nimmt man sie in sich auf. Das kann ungeheuer belastend sein, wenn man kein ganz dickes Fell hat. Es reicht schon, in einer negativen Familie zu leben. Früher oder später wird man selbst negativ. Deshalb wundert es mich nicht, wenn Jesus diese menschlich unerträgliche Situation verläßt – die Pharisäer und Schriftgelehrten und auch den Mann mit der verdorrten Hand –, um seine geistlichen Energien neu zu sammeln. Er muß beten, Beziehung aufnehmen mit seinem Vater. Er muß sich selbst neu erfüllen und sammeln lassen. Dann aber stellt er selbst eine neue Gemeinschaft von 12 Männern zusammen, so als wollte er sagen: „Von den Männern dieser Welt ist nichts mehr zu erwarten. Es ist müßig, bei ihnen nach Wahrheit oder Freiheit zu suchen. Sie sind entweder verdorrt oder Gefangene ihrer Gedanken und Ängste. Deshalb werde ich ein paar Leute suchen, die ich selbst lehren kann, denen ich zeigen kann, daß es eine andere Art gibt zu leben, Erfahrungen zu machen, zu verstehen." Das ist der Anfang jener Gemeinschaft, die wir heute „Kirche" nennen.

Als biblisches Grund-Motiv möchte ich ein kurzes Jesus-Wort benutzen, das er im Johannes-Evangelium immer wieder ausspricht: „Ich und der Vater sind eins." Jesus fühlt sich wohl in seinem Sohn-Sein, in seiner Sohn-Vater-Beziehung. In allen modernen Gesellschaften begegnen mir heute Männer, über deren Leben das Motto steht: „Ich und der Vater sind uneins." Das ist meines Erachtens vor allem die Folge der industriellen Revolution.

Seit der industriellen Revolution hat von allen Beziehungen in der westlichen Gesellschaft die Vater-Sohn-Beziehung am meisten gelitten, sie ist nahezu zerstört. Früher wuchsen die Jungen in unmittelbarer körperlicher und seelischer Nähe zu ihren Vätern auf. Sie begleiteten den Vater beim Pflügen aufs Feld oder standen ihm in der Schmiede zur Seite – was immer der Vater tat, daran hatten sie Anteil. Mein eigener Vater hat auf dem Bauernhof seiner Eltern mit neun Jahren den Traktor übers Feld gefahren. Er war Teil der Welt seines Vaters. Er wußte, daß er wichtig war – und mußte nicht ein Leben lang versuchen, seinen Wert zu erkaufen oder zu verdienen. Es gab von Anfang an einen Bereich, zu dem er gehörte, Vertrauen erfuhr, anerkannt war und seine Begabungen einbringen und entfalten konnte. Seit der industriellen Revolution verließen die Männer das Haus, um zur Fabrik zu gehen – oder ins Büro. Die Söhne hatten zu diesen Welten keinen Zugang. Dadurch entwickelte sich in den Seelen vieler Männer ein Vakuum. In dieses Vakuum haben sich Dämonen eingenistet: Mißtrauen gegen die eigene Männlichkeit, Mißtrauen gegen den Vater, Mißtrauen gegen Autorität überhaupt, Angst vor der eigenen Sexualität.

Bei meinen Reisen in andere Kulturen entdeckte ich auch Unterschiede. Der deutlichste Unterschied zu unserer Gesellschaft wurde mir in Afrika bewußt. Bei vielen jungen Afrikanern sah ich eine Art von Selbstbewußtsein und Si-

cherheit – schon bei vierzehnjährigen Jungen –, wie ich sie in unserer Gesellschaft bei den meisten Männern Mitte Dreißig nicht finden kann: Wie sie gehen, wie sie miteinander reden, wie sie sich bewegen. Wir sind mit 30 immer noch dabei, den Zutritt zum Club der Männer zu erbetteln. Wir versuchen zu beweisen, daß wir würdig sind, dazuzugehören. Wir denken uns viele kleine Spiele aus: Geld, Sex, Macht, Prestige, Status-Symbole wie Wohnlage, Urlaubsziele, Kleidung, „cooles" Auftreten – nur um dabeizusein.
Am schlimmsten empfand ich das in Japan. Mich wundert nicht, daß Japan die ganze Welt wirtschaftlich überflügelt. Zunächst einmal haben sie ein Zusammengehörigkeitsgefühl, das uns völlig abgeht, weil wir so individualistisch sind. Dazu kommt aber, daß die Kinder praktisch ausschließlich von den Müttern erzogen werden. Was ist die Folge? Sobald die Männer aus der Pubertät kommen, suchen sie nach tausend Gründen, um beisammenzusein, sich gegenseitig zu bestärken und auf die Schulter zu klopfen, sich sozusagen gegenseitig zu „bevatern". Sie versuchen offensichtlich, voneinander das zu bekommen, was sie von ihren Vätern nie bekommen haben: *männliche Energie*. Tokio ist voll von diesen gutgekleideten jungen Männern. Ihr Büro verlassen sie frühestens ein bis zwei Stunden nachdem der Chef gegangen ist. Alles andere wäre ein Affront gegen ihn. Sie müssen ihm beweisen, daß sie Männer sind. Die Loyalität gegenüber der Firma ist grenzenlos. Als wäre das noch nicht genug: Wenn sie schließlich aufbrechen, dann geht es nicht etwa heim zu Frau und Kindern – nein, sie gehen gemeinsam zum Essen aus. Die Restaurants sind überfüllt von diesen Männergruppen. Aber auch das reicht noch nicht. Dann gehen sie in die Badehäuser und betrinken sich sinnlos. Gegen 23 Uhr nachts sind dann die U-Bahnen gerammelt voll von Betrunkenen auf dem Heimweg. Für das Familienleben wirkt sich dieser Lebensstil verheerend aus. Jedenfalls drängt sich dem Beobachter von außen eine Schlußfolgerung auf: Diese Männer

suchen nach Rechtfertigungen, um die Energie und Zeit anderer Männer zu bekommen.

Dieselben Männer, die so „cool" und selbstsicher wirken, verändern sich völlig, sobald sie nach Haus kommen. Das Geld wird bei der Frau abgeliefert, und sie kontrolliert alle übrigen Lebensbereiche: das Haus, die Kinder. Dort haben die Männer nichts zu sagen. Die Firma ist der einzige Ort, wo sie etwas zu sagen haben – wahrscheinlich bleiben sie deshalb so gern dort.

In Jamaika, wo ein Großteil der Familien kaputt ist – eine Folge der Sklaverei, die das Gemeinschaftsleben zerstört hat –, redete ich vor einer riesigen Menschenmenge über dieses Thema. Als ich die Worte „Vater" und „Vaterschaft" aussprach, legte sich plötzlich eine tiefe Stille auf die Menschen, die vorher meinem Vortrag sehr lebhaft gefolgt waren. Man konnte spüren, daß hier etwas sehr Tiefes in ihnen angerührt wurde – weil es das war, was ihnen allen fehlte: ein treuer Vater, eine männliche Bezugsperson, der sie vertrauen konnten.

In den lateinamerikanischen Ländern konnte man jahrhundertelang kaum über Gott, den Vater oder über Jesus so reden, daß es die Menschen verstehen oder nachvollziehen konnten. Deshalb ging es in der katholischen Kirche immer nur um Maria. Zu Maria kann ich eine Beziehung haben. Maria ist eine Frau. Es hat seine Gründe, daß viele Länder offener waren für einen ausufernden Marienkult als für Jesus. Viele Menschen dieser Erde mißtrauen männlicher Liebe, weil sie nirgends erlebt haben, daß sich diese Liebe tief, zuverlässig und kontinuierlich ereignet. Wenn man solchen Menschen erzählt, Gott liebe sie – dann können sie sich darunter kaum etwas vorstellen. Denn der Gott ihrer Bilderwelt ist ein Mann. Weil Gott ein Mann ist, haben sie Angst vor ihm. Gott ist einer, der sie beobachtet und bestrafen will. Denn das einzige, was sie über ihren Vater gehört haben, war: „Paß auf bis Papa heimkommt, dann kriegst du deine

Tracht Prügel!" Der Vater ist die Figur eines ansonsten distanzierten Straf-Vollstreckers.

Als wäre es nicht schlimm genug, daß viele Jungen zu wenig väterliche Liebesenergie erlebt haben, haben sie auch noch eine Sicht von ihrem Vater bekommen, die durch die Interpretation ihrer Mutter gefiltert war. Viele von uns haben ihre ganze Kindheit und Jugend hindurch permanent erlebt, wie unsere Mütter über unsere Väter hergezogen sind. Dabei verfestigt sich unbewußt die Vorstellung, der Vater sei unfähig und unmöglich. Aber eine Energie kann man nicht verstehen, wenn sie einem nur in der Interpretation eines anderen begegnet. Eine Energie muß unmittelbar erfahren werden. Viele Männer haben männliche Energie nur durch die Augen ihrer Mutter mitbekommen.

An diesem Punkt muß ich eine Zwischenbemerkung machen: Was ich sage, ist nicht anti-feministisch. Es geht hier nicht um ein Entweder-Oder. Was ich sagen will – und ich habe das mit radikalen Feministinnen besprochen – dient der Ergänzung. Eine echte Feministin braucht vor dem, was ich sage, keine Angst zu haben. Man könnte meine Bemerkungen „Männerbefreiung" nennen. Denn ich glaube, wir Männer haben Befreiung doppelt so nötig wie unsere Schwestern. Wir Männer sind gefangener und unfreier als die meisten Frauen. Wir spielen viel mehr Rollen, und es gibt zu wenige Männer, die uns sagen: „Das ist nicht nötig." Deshalb freue ich mich so sehr über unsere Kommunität, wo wir uns gegenseitig erlauben, frei zu werden; wo „man" nicht so sein muß, wie „man" sein soll. Wir versuchen, die Werte des Evangeliums zu entdecken, die ja schließlich die Werte der Kirche sein sollten.

In der antiken Literatur bis hinein ins Mittelalter war der „Heilige Mann" das Ideal, nach dem sich alle ausrichteten. Spiritualität war damals die Domäne der Männer. Das hat sich völlig geändert. Wir erwarten von Männern keinen geistlichen Tiefgang mehr. Frauen dürfen religiös sein, zur

Kirche gehen – als Mann toleriert man das, geht vielleicht auch halbherzig mit. Wenn ich diese Vorträge nicht „nur für Männer" ausgeschrieben hätte, säßen hier wahrscheinlich mehr Frauen als Männer. Denn Religion, das ist ihr Reich. Ich glaube, wir haben in der Kirche einen ungeheuer hohen Preis dafür bezahlt, daß wir authentische männliche Spiritualität und *echtes* männliches Bewußtsein verloren haben. Wir haben zwar Männer in den Spitzenpositionen, aber man hat uns Priester verweiblicht: Wir tragen bunte Kleider, manchmal mit Spitzenbesatz. Da kann man sich fragen: Ist *das* die Alternative? – Natürlich wird die Kirche von *Männern* beherrscht: aber strahlen sie die Art von männlicher Energie aus, die wir brauchen?

Die zwei Reisen

An dieser Stelle möchte ich ein kleines Schema erklären, das helfen kann, all die bisherigen Bemerkungen einzuordnen. Ausgangspunkt links oben ist der „Normal-Mann". Darunter verstehe ich all das, was gesellschaftlich als „männlich" gilt. Das meiste davon nehmen wir unbewußt in uns auf. Und gerade deshalb hinterfragen wir es meist gar nicht. Es

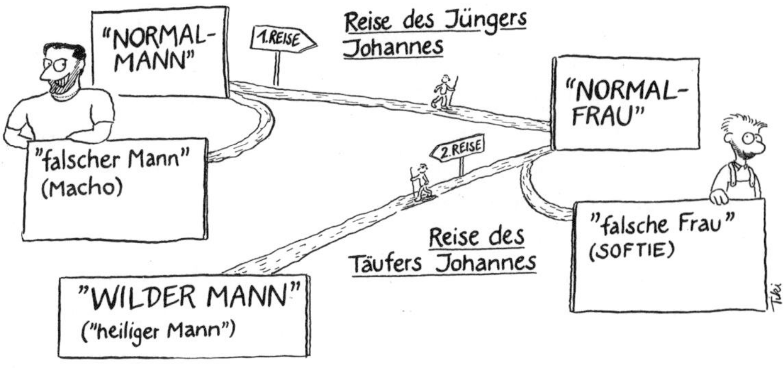

beeinflußt und bestimmt uns, wird aber nicht reflektiert. Die meisten Männer verhalten sich nach diesem herrschenden Muster von Männlichkeit. In den letzten Jahren nun hat sich vor allem im Westen etwas Erstaunliches ereignet: Eine Reihe von Männern begann, sich auf die Reise zu machen, um aus diesem normativen Muster auszubrechen. Ich nenne dies die „Reise ins Weibliche". Nie zuvor – außer vielleicht im Zeitalter der Romantik – haben sich so viele Männer erlaubt, endlich Gefühle zu haben und zu zeigen. Es ist jetzt möglich, sensibel zu sein. An Filmen kann man das sehen. John Wayne ist nicht mehr das einzige Männlichkeitsideal. Man muß seine Männlichkeit nicht mehr permanent zur Schau stellen. Viele Frauen wünschen sich einen Mann, der sie versteht, der auch weich und schwach sein kann, mit dem sie reden können. Das ist eine große neue Freiheit. Ich nenne das die *Reise des Jüngers Johannes*. Der Jünger Johannes ist sich seiner Männlichkeit so sicher, daß er es sich leisten kann, seinen Kopf auf die Brust Jesu zu legen – inmitten der Gruppe von 12 Jüngern, die auch alle Männer sind. Er schämt sich nicht, er hat keine Angst davor. Für die meisten Männer wäre so etwas auch heute unvorstellbar. Wir haben solche Angst vor allem, was auch nur im entferntesten nach Homosexualität riecht, daß es kaum möglich ist, daß ein Mann einem anderen Mann seine Gefühle zeigt. Ganz anders im Johannes-Evangelium. Am Ende des Evangeliums bezeichnet sich der Autor nochmals ausdrücklich als der „Jünger, den Jesus lieb hatte, der auch beim Abendmahl an seiner Brust gelegen hatte" (Joh. 21,20). Er ist geradezu stolz auf diese Nähe. In unserer Kultur ist das noch immer fast undenkbar. Deshalb habe ich den „Lieblingsjünger" zum Patron der ersten Reise gewählt.

Die erste Reise hat etwas mit Schwachheit zu tun. Wir reden davon, daß uns eine Frau „schwach" macht. Die Frau erinnert uns an unsere eigene Bedürftigkeit und an unsere Sehnsucht nach Ergänzung.

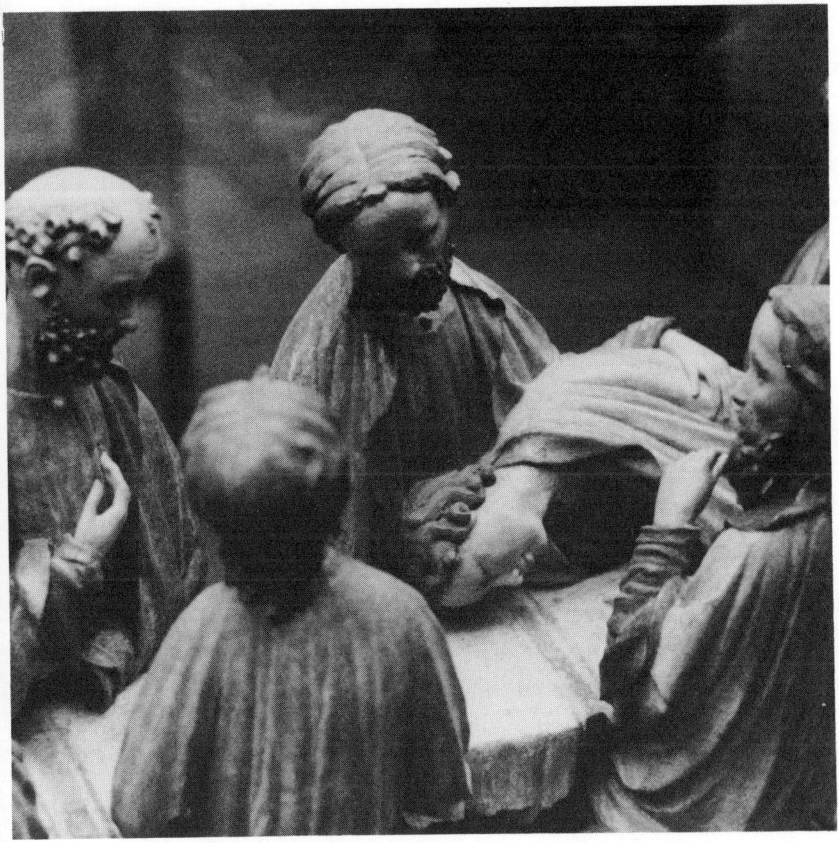

Der Jünger Johannes – die Freiheit zum Gefühl

Als Männer scheuen wir die Schwachheit. Macht und Stärke imponieren uns. Der Prototyp falscher männlicher Stärke im Evangelium ist Petrus. Er kann nicht zulassen, daß Jesus leiden und sterben muß: „Das geschehe dir nur ja nicht!" (Mt. 16,22). Er ist dabei bereit, selbst für Jesus in den Tod zu gehen – und versagt doch, als ihn eine Sklavin (!) fragt, ob er zu Jesus gehört. Am Ende flieht er. Der „schwache" Johannes ist der einzige Jünger, der unter dem Kreuz ausharrt – zusammen mit den Frauen! Weil er in sich selbst die Schwachheit der Liebe zuläßt, muß er der wehrlosen Hingabe des Gekreuzigten auch nicht ausweichen.
Diese erste innere Reise machen wir in der Regel durch unsere Beziehungen zu Frauen: unsere Mütter, unsere Schwestern, unsere Freundinnen, unsere Ehefrauen. Für viele Männer sind ihre Partnerinnen die große Chance, ihrer eigenen „weiblichen Seite" näherzukommen. Wer, wie ich, im Zölibat lebt, muß dennoch versuchen, diesen Weg zu gehen – und das ist nicht immer einfach.
Aber diese erste Reise ist nicht alles. Ich habe das in unserer Kommunität durch Erfahrung gelernt. Wir begannen unsere Gemeinschaft im Jahre 1972: ich und eine Gruppe von Jugendlichen, meistens junge Männer aus einem katholischen Gymnasium. Ich konnte 13 Jahre lang miterleben, wie sie erwachsen wurden. Die meisten von ihnen sind heute um die 30, verheiratet, Väter vieler Kinder. Heute besteht unsere Lebensgemeinschaft aus 270 Erwachsenen und 170 Kindern. In vielen dieser jungen Familien haben wir folgendes erlebt: Die Kinder hatten zwei Mütter. Weil bei uns die erste Reise erlaubt war und gefördert wurde, haben sich viele der jungen Männer zu warmen, lieben, sensiblen, häuslichen Wesen entwickelt – Gott sei Dank! Aber irgend etwas fehlte ihnen. Sie hatten alle diese Fähigkeiten „integriert" – aber sie hatten eigentlich keine Lebensziele mehr. Irgendwie fehlte es an vorwärtsdrängender Energie, an Entschlossenheit und Autorität. Es ist wunderschön, wenn 18jährige Knaben herumsit-

zen, Gitarre spielen und Lieder auf Jesus und ihre Angebetete singen. Aber wenn sie das mit 28 immer noch machen und immer noch darauf warten, daß ihnen ein anderer sagt, was sie *tun* sollen, – dann bin ich nicht sicher, ob das der Weisheit letzter Schluß ist. Deshalb haben wir angefangen, über eine „zweite Reise" zu reden. Und sobald wir anfingen, wurde uns immer klarer, worum es dabei geht.

Zur selben Zeit kam eines Tages Schwester Patricia – eine Ursulinen-Nonne, die zu den Leitern unserer Gemeinschaft gehört – in mein Büro gerannt. Sie hatte ein Buch der bekannten Feministin *Betty Fredan* dabei mit dem Titel: „Der zweite Schritt".* Dieses Buch sagt praktisch genau das, was ich sagen will – für die Frauen. Sie sagt den Feministinnen: Wir Frauen haben begonnen, die „Reise ins Männliche" zu machen. Jetzt gibt es viele starke selbstbewußte Frauen, die entschlossen und zielbewußt sind. Das ist großartig. Aber irgendwie kann das auch nicht alles sein. Es muß ein zweites Stadium geben: zurück in echte tiefe Weiblichkeit. Sie benutzt diese Ausdrucksweise nicht. Aber ich möchte es für die Männer so nennen. Nach der Reise ins „Weibliche" – und ohne das, was wir dort gelernt haben, wieder aufzugeben! – müssen wir uns wieder auf den Weg machen: in die „tiefe Männlichkeit". Das nenne ich die *Reise des Täufers Johannes.*

Die Reise des Täufers ist ein einsamer Weg. Wie wird er dargestellt? Allein in der Wüste, außerhalb der Gesellschaft. Wenn man zu sehr darauf angewiesen ist, allen zu gefallen, harmonisch zu leben, von allen gestreichelt zu werden – dann wird man nie ein „Täufer Johannes". Er ißt nicht die Speisen der Gesellschaft, sondern Heuschrecken und wilden Honig, die Nahrung der Ausgestoßenen, der Randgruppen. Er trägt nicht die gängige Mode, wie sie in Jerusalem „in" ist. Sein Kleid ist aus Kamelhaar. Er ist ein „wilder Mann". In der Mythologie benutzt man dieses Wort kaum – wir

* Rowohlt-Verlag, 1982.

Johannes der Täufer – Reise in die tiefe Männlichkeit (Ernst Alt)

haben es bei uns eingeführt, weil es witzig klingt und provoziert. Es zwingt einen, sich mit dieser männlichen Energie auseinanderzusetzen. Ich rede nicht über Chauvinismus oder Macho-Gehabe, sondern über jene Wildheit, die auch Teil unseres Gottes ist. *C. S. Lewis* sagt über Gott: „Er ist wild, wissen Sie!" – Und wer dem wilden Gott begegnen will, der sei bereit, selbst „wild" zu werden!
Was haben wir im Westen aus dem Evangelium gemacht? Einen blonden, blauäugigen und harmlosen Jesus. Wir haben das Evangelium und Jesus gezähmt. Die Angst vor der wilden Seite Gottes entspringt wahrscheinlich der Angst vor der wilden, echten und geistlichen (!) Seite unseres eigenen Selbst. Wir könnten diesen Teil „Passion" nennen (in diesem Wort steckt beides: Leiden und Leidenschaft!); hier nenne ich ihn „männliche Energie". Die zweite Reise unterscheidet sich in mancher Hinsicht von der ersten. Wichtig aber bleibt: Man darf dabei das nicht aufgeben oder verlieren, was bei der ersten Reise gewonnen wurde. Männer, die die erste Reise nicht wirklich gemacht haben – und das als deutliche Warnung! – können das, was ich meine, kaum richtig verstehen. Ohne die erste Reise muß all das zwangsläufig mißverstanden werden und zu dem Fehlschluß führen: Ich will wieder harte, coole Chauvis. Das Gegenteil ist der Fall.
Bei Einkehrtagen mit älteren Priestern erlebe ich immer wieder folgende Situation: Weil man ihnen einst in jungen Jahren eingeschärft hat, ja nicht weichlich oder weibisch zu sein, ist, salopp gesagt, manch einer von ihnen so eine Art religiöser Feldwebel geworden: je härter, desto besser. Sie sind gute Sportler, erzählen ab und zu einen deftigen Witz und trinken auch mal einen über den Durst. Ihnen zu erzählen, sie sollten sich mit ihrer „weiblichen Seite" befassen, wäre für mich als relativ jungen Exerzitienmeister ein Ding der Unmöglichkeit. Aber wenn ich erwähne, sie sollten Wilde Männer werden, dann fühlen sie sich angesprochen und sind gespannt, was damit gemeint ist. Dann erst kann ich ihnen

auch vorsichtig „unterjubeln“, daß die zweite Reise nicht ohne die erste geht.*

Es ist interessant, daß der Vers im Matthäusevangelium, wo Jesus über Johannes den Täufer redet, heißt: „Unter allen, die von einer Frau geboren wurden, ist keiner größer als Johannes der Täufer“ (Mt. 11,11). Jesus hatte eine ungeheuer hohe Meinung von Johannes dem Täufer. Viele Theologen meinen, Jesus habe sich ursprünglich überhaupt dem Täufer anschließen wollen – aber schließlich wurde Johannes umgebracht (interessanterweise von einer Frau, die ihn köpfen ließ!). Erst als Johannes im Gefängnis ist, geht Jesus selbst zurück in den Norden, um seine eigene Bewegung und Gemeinschaft zu gründen.

Was die zweite Reise betrifft, so hoffe ich auf eine spontane erste Generation, die das ausprobiert. Denn eigentlich kann nur ein anderer Wilder Mann einem vermitteln, was ein Wilder Mann eigentlich ist. Ich kann das nicht durch bloßes Reden tun. Ich kann nur anderen den Mund etwas wässerig machen oder Unzufriedenheit mit dem bisherigen Zustand wecken. Aber erst, wenn einem ein Wilder Mann wirklich begegnet, kann man diese Energie erfahren und in sich aufnehmen. Mein Konzept ist nicht mit dem Verstand allein zu erfassen. Es geht um die Energie und Kraft, die wir aufeinander ausstrahlen. Nur so beeinflussen sich Menschen gegenseitig. Wir wachsen an anderen Menschen, in der Beziehung zu Menschen, die selbst gewachsen sind. Aber leider fehlen

* Auch die Artusepik, eines der wichtigsten literarischen Genres im Mittelalter, kennt als Kompositionsprinzip einen *doppelten Weg* des Helden. Er muß zwei große Aventiurefahrten bestehen, die sich in vielen Situationen ähneln. Keinesfalls ist aber das Ziel der ersten Reise ein endgültiges. Der Held hat bei allem Glück nur scheinbar seine persönliche und gesellschaftliche Identität gefunden. Eine unmittelbar darauf einsetzende tiefe Krise verdeutlicht die bislang verborgene Instabilität.
Erst eine zweite, noch beschwerlichere Aventiurefahrt ermöglicht eine stabile Selbstfindung des ritterlichen Helden, wobei sein persönlicher Erfolg immer auch ein Erfolg der Gesellschaft ist, also eine umfassende Harmonie zwischen Individuum und Gesellschaft erreicht wird. (Anm. d. Hrsg.)

uns genügend Wilde Männer. Wir haben Chauvis, Machos, Männer mit falscher Selbstsicherheit – man muß sich nur in der politischen Szene umsehen. Wo gibt es da noch radikale neue Visionen oder tiefere Werte?
Was machen wir aber, wenn uns die „Modelle" fehlen? Zumindest können wir anfangen, über die Sache zu reden. Vielleicht können einige von uns auch auf diese Weise beginnen, den Teilen ihres Wesens mehr zu vertrauen, die sie bisher noch gar nicht entdeckt haben. Dazu möchte ich ermutigen. Ich bin heute 41 und weiß nicht, ob ich das alles vor fünf Jahren schon verstanden hätte. Wenn wir 20 oder 30 sind, ist es wohl tatsächlich das Wichtigste, mit dem Weiblichen in Berührung zu kommen. Falls es aber so etwas gibt wie männliche Wechseljahre oder die berühmte „Midlife-Crisis", dann könnte das bedeuten, daß jetzt die zweite Reise kommen muß. Aber keiner zeigt uns, wie man das macht. Uns fehlen Mentoren, Vaterfiguren, geistliche Leitbilder, die uns ermutigen, weiterzuwachsen.

Stadien des Lebens

In Indien spricht man von den vier Stadien im Leben eines Mannes. Das erste ist das *Schülerstadium*, wo man lernt, Leben von anderen in sich aufnimmt. Das zweite Stadium ist der *Haushalter*, wo man heiratet, Kinder aufzieht, lernt, seine Frau zu lieben und ihr treu zu sein. Für uns hört es in der Regel an diesem Punkt auf. Die meisten von uns verbringen den Rest ihres Lebens damit, daheim zu sitzen und auf Besuch der Kinder zu warten, am Haus rumzubasteln, das Badezimmer zu renovieren, auf die Enkelkinder zu warten, Weihnachtsgeschenke für die Familie zu kaufen. Irgendwann ist das schrecklich öde: eine Welt, die ständig um sich selber kreist und kein Ziel mehr hat. Und den Kindern und Enkeln kann man nur noch Geschenke kaufen, weil man keine neue

Welt hat, in die man sie locken könnte. Das dritte Stadium in Indien heißt der *Sucher* oder der *Waldbewohner*. Nachdem man eine Familie gegründet und Kinder großgezogen hat, erweitert sich das Weltbild nochmals, der Blick richtet sich abermals auf größere Zusammenhänge. Genau das fehlt uns in der westlichen Welt mit unserem unglaublichen Narzißmus. Die meisten Menschen bei uns sind unfähig, über den eigenen Gartenzaun hinauszusehen. Deswegen fehlt auch das moralische Unterscheidungsvermögen zwischen Gut und Böse. Gut ist, wenn *ich* einen Job habe und abgesichert bin. *Gute* Politiker sind die, die für Aufschwung und Wirtschaftswachstum sorgen – bei uns! Das ist unser globales Bewußtsein! Wir sind isoliert von der restlichen Welt – uns interessiert nichts als unsere eigene unmittelbare Zukunft. Dieses hedonistische Denken ist ungeschichtlich und Ausdruck geistlicher Blindheit. Es stellt sich zwangsläufig ein, wenn Männer keine Männer werden, keine Visionäre, keine „Sucher und Waldbewohner", wenn sie unfähig sind, mehr zu sehen als nur das, was für sie selbst und den eigenen winzigen Lebenskreis gut ist. Es geht darum, daß wir sehen lernen, was für alle Menschen gut ist, für das ganze Volk Gottes. Jesus predigt das Reich Gottes: das große Bild, die große Familie. Aber selbst die meisten praktizierenden Christen sind unfähig, dieser großen Vision zu folgen. Diese Blindheit sitzt so tief, daß die meisten nicht einmal merken, daß das problematisch ist. Die Spiritualität, über die wir reden müssen, sagt: Es gibt eine größere Welt als deinen Schrebergarten oder deinen Kirchturm.

Wenn wir diesen Schritt in die größere Welt nicht gemacht haben, dann liegt das zum Großteil an den Männern und den männlichen Führern unserer Gesellschaft, die selbst den Weg ins dritte Stadium des Lebens nie gegangen sind.

Für die Inder ist aber auch das dritte Stadium noch nicht das Endziel, es ist nur der Beginn eines neuen Weges. Das letzte Ziel besteht darin, ein *alter Weiser* zu werden. In diesem vierten Stadium schließt sich der Kreis, kommt alles zusammen. Man hat Dogmen, Prinzipien und Ideologien hinter sich gelassen. Die Gabe des weisen Alters ist – mit den Worten des Paulus – der „Dienst der Versöhnung" (2. Kor. 5). Der Weise kämpft nicht mehr für ein Entweder-Oder. Er ist fähig, beide Seiten einer Sache zu sehen und stehenzulassen. Er lebt in einer „Sowohl-Als-auch-Welt". Unsere politischen Führer aller Richtungen sind unfähig zu solch einer integrativen Sicht. Die Ideologien werden uns zerstören. Denn jeder steht und fällt für seine Ideologie, die unfehlbar ist – während alle anderen Sichtweisen als böse, falsch oder idiotisch abgeurteilt werden. Weisheit heißt: sowohl als auch. Ich habe nur wenige dieser milden, wirklich abgeklärten Siebzigjährigen getroffen. Der wirklich weise Großvater kann am Rand der Familie sitzen und Sicherheit ausstrahlen – statt Enge und Strenge zu verbreiten. Weil den meisten Vätern solche *Groß-Väter* fehlen, bleiben sie auch jenseits der Lebensmitte Gefangene ihrer Selbstbestätigungs-Spiele und meinen, sie müßten alles selber schaffen und leisten. Dieser Teufelskreis muß durchbrochen werden. Damit müssen wir schon beginnen, wenn wir jung sind oder zur mittleren Generation gehören.

Der Eisenhans

Zur Illustration möchte ich den ersten Teil eines Märchens der Gebrüder Grimm interpretieren: Das Märchen vom *Eisenhans*.

„Es war einmal ein König, der hatte einen großen Wald bei seinem Schloß, darin lief Wild allerart herum. Zu einer Zeit schickte er einen Jäger hinaus, der sollte ein Reh schießen, aber er kam nicht wieder. ‚Vielleicht ist ihm ein Unglück zugestoßen,' sagte der König und schickte den folgenden Tag zwei andere Jäger hinaus, die soll-

ten ihn aufsuchen, aber die blieben auch weg. Da ließ er am dritten Tag alle seine Jäger kommen und sprach: ‚Streift durch den ganzen Wald und laßt nicht ab, bis ihr sie alle drei gefunden habt.‘ Aber auch von diesen kam keiner wieder heim, und von der Meute Hunde, die sie mitgenommen hatten, ließ sich keiner wieder sehen. Von der Zeit an wollte sich niemand mehr in den Wald wagen, und er lag da in tiefer Stille und Einsamkeit, und man sah nur zuweilen einen Adler oder Habicht darüber hin fliegen. Das dauerte viele Jahre, da meldete sich ein fremder Jäger bei dem König, suchte eine Versorgung und erbot sich, in den gefährlichen Wald zu gehen. Der König aber wollte seine Einwilligung nicht geben und sprach: ‚Es ist nicht geheuer darin, ich fürchte, es geht dir nicht besser als den andern, und du kommst nicht wieder heraus.‘ Der Jäger antwortete: ‚Herr, ich will's auf meine Gefahr wagen: von Furcht weiß ich nichts.‘

Der Jäger begab sich also mit seinem Hund in den Wald. Es dauerte nicht lange, so geriet der Hund einem Wild an die Fährte und wollte hinter ihm her: kaum aber war er ein paar Schritte gelaufen, so stand er vor einem tiefen Pfuhl, konnte nicht weiter, und ein nackter Arm streckte sich aus dem Wasser, packte ihn und zog ihn hinab. Als der Jäger das sah, ging er zurück und holte drei Männer, die mußten mit Eimern kommen und das Wasser ausschöpfen. Als sie auf den Grund sehen konnten, so lag da ein wilder Mann, der braun am Leib war wie rostiges Eisen, und dem die Haare über das Gesicht bis zu den Knien herabhingen. Sie banden ihn mit Stricken und führten ihn fort in das Schloß. Da war große Verwunderung über den wilden Mann, der König aber ließ ihn in einen eisernen Käfig auf seinen Hof setzen und verbot bei Lebensstrafe, die Türe des Käfigs zu öffnen, und die Königin mußte den Schlüssel selbst in Verwahrung nehmen. Von nun an konnte ein jeder wieder mit Sicherheit in den Wald gehen.

Der König hatte einen Sohn von acht Jahren, der spielte einmal auf dem Hof, und bei dem Spiel fiel ihm sein goldener Ball in den Käfig. Der Knabe lief hin und sprach: ‚Gib mir meinen Ball heraus.‘ ‚Nicht eher,‘ antwortete der Mann, ‚als bis du mir die Türe aufgemacht hast.‘ ‚Nein,‘ sagte der Knabe, ‚das tue ich

Der Eisenhans

nicht, das hat der König verboten,' und lief fort. Am andern Tag kam er wieder und forderte seinen Ball; der wilde Mann sagte: ,Öffne meine Türe', aber der Knabe wollte nicht. Am dritten Tag war der König auf die Jagd geritten, da kam der Knabe nochmals und sagte: ,Wenn ich auch wollte, ich kann die Türe nicht öffnen, ich habe den Schlüssel nicht.' Da sprach der wilde Mann: ,Er liegt unter dem Kopfkissen deiner Mutter, da kannst du ihn holen.' Der Knabe, der seinen Ball wiederhaben wollte, schlug alles Bedenken in den Wind und brachte den Schlüssel herbei. Die Türe ging schwer auf, und der Knabe klemmte sich den Finger. Als sie offen war, trat der wilde Mann heraus, gab ihm den goldenen Ball und eilte hinweg. Dem Knaben war angst geworden, er schrie und rief ihm nach: ,Ach, wilder Mann, geh nicht fort, sonst bekomme ich Schläge.' Der wilde Mann kehrte um, hob ihn auf, setzte ihn auf seinen Nacken und ging mit schnellen Schritten in den Wald hinein."

Es beginnt damit, daß die Männer des Königs spurlos verschwinden. Ganz am Anfang steht also bereits die Frage:

„Was zerstört die Männer? Weshalb gehen die Männer im Wald verloren?“ Der Fremde hat den Mut, dieser Frage nachzugehen. Er findet den Teich, in dem der wilde Mann sitzt und seinen Hund in die Tiefe zieht. Der Fremde holt Verstärkung. Mit Eimern leeren sie den Teich. Die symbolische Bedeutung dieses Bildes ist klar: Die Männer beginnen, die Tiefen des Unbewußten auszuschöpfen, in die eigenen Tiefenschichten vorzustoßen. Es macht viel Arbeit, in jene mysteriöse Welt einzudringen, um herauszufinden, was dort unten so Schreckliches ist. Unten finden sie diesen behaarten Riesen Eisenhans.

Weil sie nicht wissen, was sie mit ihm anfangen sollen – er ist zu wild und angsterregend –, müssen sie ihn einsperren. Sie bringen den Käfig auf den Dorfplatz, stellen ihn dort auf und schauen ihn an. Was sonst könnten sie mit ihm tun? Die wilde Energie ist zu stark, sie wissen nicht, wie sie diese Energie zähmen oder mit ihr leben könnten.

Dann kommt der kleine achtjährige Königssohn und spielt mit seinem goldenen Ball. In der Mythologie ist der goldene Ball oft ein Symbol für „Ganzheit“ (vergleiche das Märchen vom *Froschkönig*, wo es die Königstochter ist, der die goldene Kugel in den Brunnen fällt!). Mit acht Jahren beginnt das Vernunftalter, der erste Ausbruch aus der kindlichen Unschuld. Der Junge beginnt mit dem wilden Mann zu reden. Er ist fasziniert von der Energie des Eisenhans. Eisenhans will aus dem Käfig. Aber der Junge hat zunächst Angst davor, der Wilde könnte ihm etwas zuleide tun. Schließlich siegt aber doch die Abenteuerlust. Eisenhans verrät dem Jungen, wo der Schlüssel ist. Wer ein wenig von Symbolik versteht, wird sich über das Schlüsselversteck nicht wundern: unter dem Kopfkissen der Mutter. Um den Käfig zu öffnen, muß der Junge ins Schlafzimmer der Mutter schleichen und den Schlüssel stehlen. Er muß das Gesetz der Mutter übertreten.

Es ist schwierig, gegen das Gebot der Frauen zu handeln, ins Schlafzimmer der Mutter zu schleichen und den Schlüssel zu stehlen! Es gibt zu viele Männer (auch zu viele Priester), die immer noch versuchen, der gute Junge zu sein und es Mama („Mutter Kirche") recht zu machen. Das ist falsche Loyalität, Loyalität gegenüber einer Wahrheit, die diesen Namen nicht verdient. In Wirklichkeit bedeutet es, mitzuspielen, nur nicht aufzufallen, damit einen alle gernhaben. Das ist falsche Männlichkeit und falsche Weiblichkeit – sozusagen Neutralität. Deshalb fehlt uns in der Politik und in der Kirche echte, glaubwürdige Führung, die keine Angst davor hat, die Wahrheit zu sagen. „Tiefe Männlichkeit", wie ich sie verstehe, hat etwas mit Wahrhaftigkeit zu tun. Johannes der Täufer sagt die Wahrheit, koste es, was es wolle. Diesen Mangel an Wahrhaftigkeit in der Gesellschaft und in der Kirche erkläre ich mir zumindest teilweise mit dem Fehlen männlicher Energie, mit dem Mangel an der Entschlossenheit, Ziele, die man als richtig erkannt hat, auch wirklich um jeden Preis zu verfolgen.

Zurück zum Märchen: Der Junge schleicht ins Schlafzimmer seiner Mutter, stiehlt den Schlüssel, kehrt mutig zurück und wagt es schließlich, den Käfig zu öffnen. Er weiß nicht, was Eisenhans machen wird. Aber das Unglück bleibt aus. Der wilde Mann nimmt den kleinen Jungen auf die Schulter und läuft mit ihm hinaus in den Wald. Die Macht, die auf den ersten Blick gefährlich und destruktiv erscheint, wird in Wirklichkeit zu Kraft und gewaltiger Energie. Mit dieser Energie kann er sich dem Leben stellen.

Wenn ich die *Tugenden* aufzähle, die man mir während meiner Seminarzeit zu vermitteln versuchte, dann waren das „Firmen-Tugenden": Tugenden, die die Chefs von oben verkündigen, um den Laden beisammenzuhalten. In gewisser Weise möchte ich diese Tugenden „weiblich" nennen. Klassische Rolle der Frau ist es, die Familie zusammenzuhalten, dafür zu sorgen, daß alle lieb und glücklich sind. Gott sei Dank geschieht das – ich möchte das nicht abwerten. Aber wenn das alles ist, dann fehlt etwas. Folgende Werte wurden mir von der Kirche vermittelt: *Demut, Gehorsam, Offenheit, Empfänglichkeit, Vertrauen, Vergebungsbereitschaft, Geduld.* Mittlerweilen sehe ich eine Reihe von ebenso wertvollen Gegen-Tugenden, die zur Ergänzung dieser ersten Reihe notwendig sind. Diese anderen Tugenden werden kaum jemals erwähnt oder als solche anerkannt.

Gesundes Selbstbewußtsein – damit meine ich einen Menschen, der nicht nur reagiert, sondern agiert, der weiß, was er will und wer er ist, der mit Klarheit, innerer Autorität und Unterscheidungsvermögen fähig ist, die Wahrheit zu erkennen, auszusprechen und zu tun – nicht dogmatisch und ideologisch, sondern einfühlsam – aber entschieden. Die allermeisten Menschen reagieren ein Leben lang auf Vorgegebenes. Sie sind ständig die Opfer der Umstände. Aber nur wenige Menschen treffen klare Entscheidungen: *So* soll mein Leben aussehen – da und dort möchte ich gerne in zehn Jahren sein. Nur wenige Menschen entwickeln echte Zukunftsperspektiven und sind bereit, heute den ersten Schritt zu tun, damit solche Träume in zehn Jahren Realität sind. Die meisten lassen sich treiben, werden gelebt. Es ist nötig, daß unsere Werte klar sind: Wie wollen wir wohnen, wie wollen wir mit unserem Geld umgehen, wie wollen wir unsere Kinder erziehen, wie stellen wir uns unser Arbeitsleben vor?

Neulich kamen einige junge Familien aus unserer Gemeinschaft zu mir und erzählten mir, sie hätten sich jetzt entschlossen, den Lebensstandard ihrer Familie auf dem Gehaltsstand von 1975 einzufrieren. Jede zukünftige Einkommensverbesserung ist jetzt für diese Leute eine Möglichkeit, mehr mit anderen zu teilen. Das ist für mich ein kleines Beispiel für die Art von Wertorientierung, die ich meine: Aktion statt Reaktion, Entscheidung statt Ergebung.

Gehorsam ist eine Tugend – aber auch *Eigenverantwortung*. Die katholischen Laien in aller Welt gehören zu den passivsten Vertretern der Menschheit, weil wir sie nie zu Verantwortlichkeit erzogen haben. Wir Priester sagen euch, wo es langgeht; ihr zahlt, betet und nickt mit dem Kopf. Die Folge ist ein immenser Mangel an Kreativität und Initiative. Die Priester selbst sind eine relativ unkreative Gruppe, die ihrerseits nur reagiert und wenig initiiert. Auch sie sind oft passiv und erlauben der Institution, ihr Leben zu lenken. Man wartet untertänig, bis Rom spricht oder zumindest der Bischof dies oder jenes erlaubt oder verbietet, anstatt einfach das zu tun, was das Evangelium sagt. Wir sind keine Männer des Evangeliums geworden, sondern Männer der Kirche – und das ist nicht unbedingt identisch. Wir sind firmentreu. Die höchste Tugend ist Treue zur Institution. Das ist schön und gut, hat aber mit Größe, Heiligkeit oder Spiritualität nicht das Geringste zu tun. Ich selbst habe keine Probleme damit, meiner Kirche treu zu sein und bin mir sicher, daß ich als Priester sterben werde. Aber ich bilde mir nicht ein, daß das der entscheidende Punkt meiner Existenz ist. Im Gegenteil: Genau an diesem Punkt kann man sich selbst nur allzu leicht verraten und verkaufen. Denn da gibt es die Belohnungen. Da kann man Karriere machen. Da wird man gelobt – nicht nur von oben, sondern von allen: man ist ein wundervoller, netter Pfarrer, tut niemandem weh. Genau dasselbe geschieht in anderen Großbetrieben, vor allem in der Wirtschaft. Man muß die Spielregeln einhalten, dann kommt man nach oben. Das bedeutet, wir dürfen nicht wirklich ver-

antwortlich handeln oder offen die Wahrheit sagen. Wir müssen lügen. Das macht doch jeder. Das bringen uns oft sogar unsere Eltern bei: „Halt dich an die Spielregeln! Was heißt hier Lüge?“ *Scott Peck* sagt in seinem Buch „People of the Lie“ („Die Lügner“): Schon früh im Leben lernen wir die Lüge, die „Erfolg“ heißt – das ist die Hauptlüge unserer Gesellschaft. Dann freunden wir uns mit Leuten an, die die gleiche Lüge glauben. Schließlich muß man jemanden heiraten, der diese Lüge glaubt. „Erfolg“ heißt: Im richtigen Wohnviertel zu leben, eine bestimmte Automarke zu fahren, die Kinder in eine erstklassige Schule zu schicken.
Hätten wir Jesus und seine Wahrheiten und Werte jemals ernst genommen, könnten wir nicht so denken und leben. Sogar unsere Kirchen müssen dieselbe Lüge aufrechterhalten (sie werden das niemals zugeben und sich entrüstet wehren, wenn das jemand behauptet. Aber was zählt *wirklich* in der Kirche? Ist das *wirklich* etwas anderes als „in der Welt“?). Unsere gesamte Gesellschaft hat sich entschlossen, dieselbe Lüge zu glauben. Man fühlt sich heute wieder wohl als Amerikaner. Wir sind wieder Nummer eins, niemand in der Welt ist uns überlegen. Das nenne ich „kollektiven Narzißmus“ – biblisch ausgedrückt: geistliche Blindheit gegenüber echten Werten. Jeder ist nett, loyal und auf der Parteilinie. *Peck* sagt in seinem Buch: Das Böse hat sich in der Geschichte in erster Linie ins Mäntelchen der Ehrbarkeit gehüllt. Das Böse zeigt sich selten ungeschminkt. Nur wenige Menschen würden bewußt das Böse wählen. Hitler erklärte den Deutschen, daß er nur das Beste für Deutschland wollte. Und die Deutschen waren bereit, dafür ein paar kleine Schwächen und Schönheitsfehler des Systems zu übersehen. Die mußte man „um des Guten willen“ in Kauf nehmen. Wir alle wählen etwas, was auf den ersten Blick gut aussieht. Und um jemanden dazu zu bewegen, etwas Böses zu kaufen, muß man es so verpacken, daß es gut aussieht. Wenn aber die Menschen erst einmal in ihrem Egoismus gefangen sind

und nicht mehr fähig zu Eigenverantwortung, dann sind sie hochgradig verführbar. Deshalb brauchen wir heute mehr denn je Menschen mit *geistlicher* Urteilskraft, die überhaupt noch fähig sind, Gut und Böse zu unterscheiden. „Männliche Spiritualität" könnte zu diesem Klärungsprozeß das ihre beitragen, nämlich die Fähigkeit, ohne Angst die Dinge beim Namen zu nennen.

Vertrauen ist eine Tugend – aber ich ergänze sie durch *Wahrhaftigkeit.* Vertrauen ist sozusagen die weibliche Tugend. Die weibliche Energie möchte immer Beziehung, Gemeinschaft. Männliche Energie drängt eher auf Abstand. Natürlich braucht man beides. Wenn es nur noch um Beziehung und Gemeinschaft und Nähe geht, dann kleben Menschen aneinander und werden abhängig voneinander. Hat man dagegen zuviel „männliche" Energie, dann geht jeder seine eigenen Wege und es ist unmöglich, zu echter Einheit zu finden.

Eine weitere „männliche" Tugend: *Entschiedenheit* gegenüber *Offenheit.* Damit meine ich die Fähigkeit, Entscheidungen zu treffen. Wir haben alle Informationen und Daten gespeichert, alle Meinungen gehört – irgendwann müssen wir eine Entscheidung fällen. Der, der entscheidet, ist immer unbeliebt, weil man es einfach nicht jedem recht machen kann. Wenn man Angst davor hat, nicht allen zu gefallen, kann es passieren, daß man jeder Entscheidung ausweicht, um so niemandem auf die Füße zu treten. Oft werden Entscheidungen natürlich zu schnell getroffen. Wahrnehmen, Hören, Offensein ist das erste, was wichtig ist. Aber irgendwann muß das Wahrnehmen aufhören und ein Urteil fallen.

Vergebung ist wichtig – es ist für mich fast so etwas wie der Inbegriff des Evangeliums: mir selbst zu vergeben, der Welt zu vergeben, denen zu vergeben, die mich verletzt haben. Aus der Vergebung heraus wird ungeheuer viel Energie und Freiheit geboren. Wie nichts anderes war das die Sache Jesu: Vergebung zu bringen. Ich habe neulich Missionare aus Korea getroffen. Sie haben mir erzählt, daß die Botschaft von

der Vergebung einer der Gründe sei, weshalb sich die Kirche in Südkorea derartig ausbreitet. Gesellschaftlich und kulturell hätten die Koreaner nie begriffen, was Vergebung ist. Das gab es einfach nicht. Menschen mußten ein Leben lang mit den Verwundungen ihrer Vergangenheit leben. Die Offenbarung des Evangeliums und der Kirche für diese Menschen besteht darin, daß sie etwas von Vergebung erfahren. Dennoch muß es neben der Vergebung auch das geben, was ich *harte Liebe* nenne. Harte Liebe nennt die Dinge beim Namen, vergibt zwar – aber nach der Art Jesu, der sagt: „Ich vergebe dir, aber geh hin und sündige hinfort nicht mehr." Er zeigt eine neue Wegrichtung, ausgehend von der Erfahrung der Vergebung. Jesus fordert wirkliche Veränderung und Neuorientierung. Auch das habe ich erst nach und nach und durch viele Schwierigkeiten gelernt. In den ersten Jahren unseres Gemeinschaftslebens waren wir alle erfüllt von einer Art Verstärkungs- oder Bestätigungstheologie. Es war uns wichtig, Menschen positiv zu verstärken, an sie zu glauben – und wir dachten, das reiche aus, um große Persönlichkeiten aus ihnen zu machen. Ich glaube das nicht mehr. Das ist nur die eine Seite der Medaille. Natürlich ist es wichtig, Menschen zu bestätigen, an sie zu glauben etc. – und das muß tatsächlich zunächst geschehen. Menschen, die nicht zuerst erfahren, daß sie geliebt sind, können kaum das Selbstvertrauen entwickeln, das sie befähigt, Risiken einzugehen und selbständige Schritte ins Leben zu machen.
Aber irgendwann wird das Ganze sehr leicht Narzißmus und reine Selbstbezogenheit. Ein Mensch, der bestätigt worden ist, muß dann auch sehr bald herausgefordert und sozusagen aus dem Nest gestoßen werden.
Neulich haben mir Freunde aus Colorado etwas über die Brutpflege der Adler erzählt, die dort auf den hohen Felsen nisten. Seither verstehe ich das biblische Bild besser, das Gott mit einem Adler und seine Fürsorge mit „Adelers Fittichen" vergleicht. Wenn die Jungen alt genug sind, sich aber

Der Vater als Verwunder
Isaaks Opferung (Schnorr von Carolsfeld)
Kreuzigung Jesu (Matthäus Merian)

weiterhin von ihren Eltern versorgen lassen wollen, kommt irgendwann der Mutter- oder Vateradler und stößt den Nachwuchs einfach aus dem Hort. Die Jungen stürzen den Fels hinab. Aber die Eltern lassen sie fallen. Die Jungen quietschen und schreien in Todesängsten. Erst kurz bevor sie unten aufschlagen würden, kommt der Vatervogel im Sturzflug herab und fängt sie wieder auf.

Männliche Energie hat die Aufgabe, im rechten Augenblick sozusagen den nötigen Tritt zu geben. Der Vater, der zu „mütterlich“ ist und sein Kind niemals wirklich herausfordert oder – ich benutze bewußt das harte Wort – *verwundet*, wird seinem Kind etwas schuldig bleiben: das Erlebnis der Selbständigkeit. Sehen wir die Beziehung zwischen Gott dem Vater und Jesus an: Gott Vater ist der Verwunder seines Sohnes, er läßt zu, ja, er fordert geradezu, daß Jesus verwundet wird („Mußte nicht Christus solches alles erleiden?“ Lk. 24,26). Das war notwendig, denn „durch seine Wunden sind wir geheilt“ (Jes. 53). Die beeindruckendsten Männer, die ich in meinem Leben getroffen und die ich als Seelsorger begleitet habe, waren Männer mit einer *Vaterwunde*: Der Vater war Alkoholiker, der Vater war kalt und unnahbar, der Vater war fordernd, der Vater fehlte überhaupt. In der sehr schmerzhaften Auseinandersetzung mit diesen Verwundungen habe ich erlebt, wie Männer zu starken und tiefen Persönlichkeiten wurden. Dadurch, daß diese Männer ihren Verwundungen ins Auge gesehen, sich im Gebet *dem* Vater zugewandt haben und in der Begegnung mit anderen Männern „nachbevatert“ wurden, wurden gerade ihre Verwundungen zu ihrer Gabe und Stärke. Mehr als andere Männer empfinde ich sie als „ganze“, sensible und schöpferische Persönlichkeiten. Ganz verstehe ich das selbst noch nicht. Ich würde gerne einmal ein Buch schreiben mit dem Titel „Der Vater als Verwunder“. Mir scheint an diesem Punkt ein wichtiges Geheimnis verborgen zu sein.

Ich glaube, all das, was ich bisher gesagt habe, bringt uns näher an den Kern der immensen Autoritätsprobleme, die die meisten von uns mit sich herumschleppen, näher an unsere Angst, unser Mißtrauen gegenüber jeder Autorität. Es bringt uns auch an die Wurzeln unserer gestörten Sexualität. Es geht mir also nicht um irgendeinen neuen interessanten Trip oder eine neue Mode. Ich möchte an jenen Punkt kommen, wo sich die meisten von uns unsicher, hilflos, unfähig fühlen.

Jean Vanier, der in Frankreich und Kanada Lebensgemeinschaften von Behinderten und Nichtbehinderten gegründet hat, erzählte mir, als ich ihn besuchte: „Nachdem ich seit sechzehn Jahren damit beschäftigt bin, heilende Lebensgemeinschaften aufzubauen, bin ich zu dem Schluß gekommen, daß praktisch jeder in der westlichen Welt mit zwei Grundleiden herumläuft: mit einer gestörten Sexualität und mit einem tiefsitzenden Autoritätsproblem." Das war für mich wie ein Aha-Erlebnis, das meine eigenen Erfahrungen auf eine knappe Formel gebracht hat. Ich habe noch nie erlebt, daß jemand zu mir gekommen ist und gesagt hat: „Sexuelle Probleme habe ich keine." Ich würde gerne einmal solch einen Menschen treffen. Unsere Sexualität ist jahrhundertelang unterdrückt worden, mußte im Schattenbereich des Unbewußten dahinvegetieren – deshalb ist es kein Wunder, daß es so wenige echte Vorbilder gibt, von denen man lernen kann, das eigene Liebesleben schöpferisch und positiv zu gestalten. Unsere Überlebenstaktik in diesem Bereich besteht meist darin, daß wir alles unterdrücken oder verleugnen – oder immer wieder die gleichen „Sünden" beichten, in der Hoffnung, dann würden sie verschwinden. Es muß einen positiveren Ansatz geben.

Ferner haben viele Leute riesige Autoritätsprobleme. Sie sind unfähig, mit Menschen zurechtzukommen, die Autoritätsrollen einnehmen. Nachdem ich dreizehn Jahre lang Leiter einer Gemeinschaft gewesen bin, muß ich sagen: Es ist unglaublich, was da alles in dich hineinprojiziert wird. Menschen hassen dich ohne ersichtlichen Grund – oder sie verehren und lieben dich ohne ersichtlichen Grund. Entweder sie wollen mit dir ins Bett, weil sie von deiner Ausstrahlung so fasziniert sind – oder sie wollen dich abmurksen. Manchmal wäre es schön, wenn es mehr Leute in der Mitte gäbe, die dich auch als Autoritätsfigur Mensch bleiben lassen. Ich bin kein Supermensch, nur weil ich diese Funktion habe. Natürlich habe ich bestimmte Begabungen. Aber diese Riesen-Aura, mit der wir Führerfiguren umgeben werden – schrecklich! Natürlich hängt damit auch unsere eigene Unfähigkeit zusammen, echte Autorität zu *sein*. Wenn wir Autorität mißtrauen und sie prinzipiell abblocken, dann können wir Autoritäts-Energie nie in uns aufnehmen, um selbst innere Autorität zu bekommen und es vielleicht sogar wirklich besser zu machen. Das ist die Crux. Wenn Autorität nicht mehr angenommen wird, dann ist jede neue Generation dazu verdammt, die alten Fehler und Verhaltensmuster zu wiederholen. Es sieht vielleicht ein wenig anders aus, aber unter der Oberfläche bleibt es dasselbe. Wer immer nur „Nein!“ sagt zu fremder Autorität, kann niemals ein „Ja!“ finden zu seiner eigenen inneren Stärke. Die Folge sind Machtspiele, Manipulations-Spiele, Menschen, die für Macht, Sex und Geld leben und unfähig sind zu schöpferischen Beziehungen.

Im 1. Kapitel der Bibel heißt es: Als Gott den Menschen schuf, schuf er ihn „nach seinem Bild und schuf sie als Mann und Frau“ (1. Mose 1,26). Das heißt gerade nicht: Dort drüben sind die Frauen – und hier sind wir. Es geht darum, daß wir in uns selbst die gesunde Ergänzung von „männlicher“ und „weiblicher“ Energie finden. Ich betone dabei – weil das heutzutage kaum jemand wagt – den *männlichen* Aspekt. Das ist der Teil in uns, dem viele von uns mißtrauen. Aber gerade wegen der Komplementarität in uns selbst, gerade wegen unserer eigenen „Ganzwerdung" müssen wir auch unserer eigenen „weiblichen Seite" vertrauen und die erste Reise wagen. Erst wenn wir unsere warme, demütige, vergebungsbereite, vertrauensvolle Seite angenommen haben, können wir den Weg des wilden Täufers Johannes gehen.

Zweite Rede

SCHÖPFER DES LEBENS

Das, was ich bisher vorgetragen habe, löst wahrscheinlich zunächst etwas im *Unbewußten* aus. Deshalb ist es schwierig, dazu rational Stellung zu nehmen. Ich habe die Erfahrung gemacht, daß etwas in Bewegung kommt, wenn man in kleinen Gruppen beginnt, über diese Dinge zu reden. Jesus sagt einmal: „Wo zwei oder drei in meinem Namen versammelt sind, da bin ich mitten unter ihnen." In solchen kleinen Gruppen, wo wirkliche Begegnung stattfinden kann, geschieht in der Regel viel mehr, als wenn man Vorträge vor Hunderten von Zuhörern hält. Leider finden in unserer Kirche die meisten Versammlungen mit 100 Leuten und mehr statt. Man *besucht* Gottesdienste, macht sich seine Gedanken, kommentiert vielleicht die Predigt – das alles hat auch eine positive Funktion. Aber wirkliche Veränderungen im Leben von Menschen ereignen sich gewöhnlich nach Begegnungen unter vier oder sechs Augen, spät abends bei einem Glas Bier. Da wird plötzlich etwas klar, da wird man ehrlich, da sagt man Dinge, von denen man vorher gar nicht geahnt hat, daß man so etwas sagen könnte. Deshalb möchte ich zu solchen Dialogen, zum Beispiel mit einem guten Freund, ermutigen. Wenn man solche Dinge nicht persönlich im Gespräch verarbeitet, dann bleibt alles nur eine interessante neue Theorie. Und das wäre schade.

Männliche Energie und geistliche Vaterschaft

Im ersten Vortrag habe ich versucht, das Problem zu beschreiben. Jetzt möchte ich versuchen, etwas klarer zu definieren, was ich mit „männlicher Energie" meine. Das Pro-

blem besteht vor allem in einer Fehlanzeige: Das, was ich meine, *fehlt* vielen Männern und vielen Kulturen. Und weil es fehlt, kann es auch nicht tradiert werden. Deshalb haben wir uns mit der Vater-Sohn-Beziehung beschäftigt. Wir sind sozusagen um etwas betrogen worden und müssen uns fragen, wie wir das, was uns fehlt, erwerben und an unsere Söhne weitergeben können. Deshalb suchen wir insgeheim nach Modellen, Vorbildern, Vaterfiguren – auch wenn wir das oft nicht zugeben. Es fällt uns Männern ja so schwer, Mangel einzugestehen. Wir empfinden das als entwürdigend und demütigend, wenn wir zugeben: Wir sehnen uns nach einer Vaterfigur.
Interessanterweise kennen fast alle Weltreligionen diese Art von Beziehung und ermutigen ihre Anhänger dazu, sich nach einem geistigen Führer umzusehen. In den östlichen Religionen gibt es die Figur des persönlichen Gurus. In der russischen Kirche wirken bis heute die „Starzen" als Seelenführer. Für Menschen, die ihre geistliche Entwicklung wirklich ernstnehmen, muß es offenbar so etwas wie eine Mentor-Schüler-Beziehung geben, ein Meister-Jünger-Verhältnis. Es ist offensichtlich, wie ernst diese Beziehung im Neuen Testament genommen wird. Jesus redet ständig von seiner Beziehung zum Vater. Zugleich sehen wir die starke Beziehung, die er zu seinen Jüngern hat. Drei Jahre lang lebt er als Meister mit ihnen – Tag und Nacht. In dieser Zeit vermittelt er ihnen nicht in erster Linie Gedanken und Lehren, Prinzipien und moralische Richtlinien – sondern „Energie". Vielleicht überstrapaziere ich dieses Wort etwas. Aber ich bin überzeugt, daß es *Energien* anderer Menschen sind, die uns mehr anziehen oder abstoßen als irgend etwas sonst. Zwei Menschen können haargenau dasselbe sagen oder für dieselben Dinge einstehen. Dem einen hören wir zu, vom anderen wenden wir uns ab. Denn entweder geht von einem Menschen eine Energie aus, die einladend und anziehend auf uns wirkt – oder eine, die uns klein macht und abstößt. Weil

unsere Gesellschaft so stark auf das Rationale eingestellt ist, machen wir uns diesen Zusammenhang nicht mehr bewußt. Dennoch geschieht es – freilich unterhalb der Oberfläche. Vor allem Männer sind auf diese Zusammenhänge kaum eingestellt. Wenn wir deshalb von „weiblicher Intuition" reden, dann hat das einen wahren Kern. Weibliche Energie zielt auf Beziehung, während männliche Energie auf Abgrenzung gerichtet ist. Das Weibliche in einer Frau, aber auch in einem „androgynen" Mann, in einem Mann, der die erste Reise gemacht hat, ist fähig, solche Energien aufzunehmen und auf sie zu reagieren, mit ihnen umzugehen. Diese Art von Sensibilität kann man nicht aus Büchern lernen. Es ist Übungssache. Dabei geht es darum, das eigene Unbewußte immer mehr darauf einzustimmen, daß es auf andere Dinge achten kann als auf das Rationale, daß es lernt, zwischen den Zeilen zu lesen und hinter die Oberfläche zu blicken. Was sagt der andere – und was meint er wirklich? Es geht nicht darum, daß wir in andere ständig alles mögliche hineininterpretieren. Es geht vielmehr um genaues, sensibles Hören. Das können viele Frauen weit besser als Männer. Wenn wir das lernen, dann hat das den Sinn, geistlich zu wachsen, fähiger zu werden, geistliche Realitäten zu erfassen und damit umzugehen. Ich meine, in der westlichen Welt herrscht heute eine fast vollständige geistliche Blindheit, eine Unfähigkeit, Gut und Böse klar zu unterscheiden. Statt dessen floriert die Bereitschaft, auf Täuschungen und Lügen hereinzufallen. Wir glauben den Lügen der Regierenden, der Systeme und Institutionen. Wenn wir zu geistlicher Urteilsfähigkeit vorstoßen wollen, dann ist solche Sensibilisierung ein notwendiger erster Schritt.

„Männliche Energie" bedeutet, daß wir nicht nur fähig sind, innere Zusammenhänge zu erfassen – sondern daß wir fähig werden, all dem etwas Eigenes entgegenzusetzen. Ich versuche, mit einigen Begriffen das zu umschreiben, was ich unter „männlicher Energie" verstehe.

Männliche Energie besitzt eine bestimmte Art von Intelligenz. Sie schätzt *Vernunft* und *Klarheit*. Jede Begabung kann zum Segen oder zur Sünde benützt werden, zum Guten wie zum Bösen. Die Gabe der Intelligenz zum Beispiel ist etwas, womit sich Männer zum Teil übermäßig identifiziert haben. Wenn man sich mit einer Gabe überidentifiziert, dann wird sie zum Fluch. Viele Menschen werden dadurch innerlich zerstört, daß sie ihre starke Seite überziehen. Männer haben die Vernunft vergöttert. Vergötzte gute Gaben werden zu Dämonen. Wir haben nicht einmal den gesamten Kopf, das ganze Hirn vergötzt, sondern nur die linke Hirnhälfte. Die linke Hirnhälfte ist wissenschaftlichen Untersuchungen zufolge die analytische Seite des Denkvermögens. Die linke Hirnhälfte denkt polar: entweder-oder. Sie denkt nicht synthetisch bzw. in Zusammenhängen. Sie ist unfähig, ein Sowohl-Als-auch zu erfassen. Die linke Seite ist absolut, scheinbar logisch – aber in Wirklichkeit ideo-logisch. Die linke Seite ist intelligent, aber nicht weise. Es gibt viele sehr kluge Leute, die kein bißchen weise sind. Solche Leute können drei Doktorhüte haben – aber ich würde mich ihnen mit wirklichen Lebensfragen niemals anvertrauen. Ihr Denken mag spezialisiert sein, aber es ist auch sehr begrenzt, nicht ganzheitlich. Östliche Völker haben die rechte Hirnhälfte weit mehr gefördert als wir. Ohne diese rechte Seite kann es kein geistliches Leben geben. Wir müssen diese rechte Seite neu entdecken und entfalten. Es ist fast unmöglich, geistliche Einsichten durch Analyse zu gewinnen. Die rechte Hirnhälfte gewinnt Erkenntnis durch Betrachtung, durch Meditation, durch Bilder und Symbole. In unseren Träumen ist die rechte Hirnhälfte am Werk. Deshalb ist es so wichtig, daß wir auf unsere Träume achten und es lernen, ihre Botschaft zu verstehen.

Man hat uns beigebracht, daß Träume Schäume sind,

„Quatsch", bedeutungslos. Träumer und Visionäre gelten als gefährliche Spinner in einer überrationalen Welt. Aber alle geistlichen Traditionen der Welt haben gewußt, wie wichtig Träume sind – mit Ausnahme des „aufgeklärten Westens" der letzten 200 Jahre. Es ist kein Zufall, daß unsere westliche Welt geistlich so oberflächlich und hohl geworden ist. Wir haben einige der wichtigsten Straßen ins Reich des Geistes blockiert. An die Stelle geistlicher Erfahrungen sind weitgehend Gesetze und Institutionen getreten. Die meisten westlichen Kirchen, einschließlich der katholischen, sind im Grunde sehr durchrationalisierte Gebilde, auf Funktionalität ausgerichtet. Die Kirche ist aufgebaut wie eine große Firma. Man kann in ihr Karriere machen oder absteigen, sie hat ihre eigenen Belohnungen und Strafen. Das ist einer der Gründe, weshalb so viele Menschen, vor allem Männer, die Kirche nicht ernstnehmen. Sie spüren, daß das eigentlich auch nicht viel anders läuft als das, was sie tagtäglich in ihrer Firma erleben. Manchmal sogar schlimmer: Dasselbe System wird mit frommer Sauce übergossen und dadurch besonders ungenießbar. Die Chefs, das sind die Pfarrer. Ernstzunehmende Funktionen für Laien gibt es kaum. Vor allem gibt es keine Ziele. Die Kirche erscheint kaum noch als wanderndes Gottesvolk, als Gemeinschaft, die unterwegs ist ins Reich Gottes. Es dreht sich alles um sich selbst und immer wieder um dasselbe. Wir haben der Welt wenig Aufregendes oder Neues mitzuteilen.

Vollmacht und Idiotie

Männliche Energie hat etwas mit *Autorität* zu tun, mit Vollmacht – allerdings mit „barmherziger Autorität". Beides gehört zusammen: autoritativ – und zugleich einfühlsam zu sein. Männliche Energie ist „gezähmt", aber zugleich zielgerichtet; direktiv, aber zugleich nuanciert; fordernd, aber zugleich vergebend. Sie ist eine innere Autorität, die aber bewußt auf die Außenwelt einwirkt. Männliche Energie ist kreativ, aber zugleich auch bereit, etwas durchzuziehen. All das sind Umschreibungen, die in sich nicht vollständig sind. Weitere Begriffe: resolut, entschlußfreudig, arbeitsorientiert, sachlich, bereit zum Dienst. Ferner Durchhaltevermögen und Einsatz für die Gemeinschaft. Es geht immer um mehr als um den eigenen kleinen Radius, zum Beispiel die eigene Familie.

Das griechische Wort „Idiot" bedeutet ursprünglich: Jemand, der so selbstbezogen ist, daß er an anderen Menschen und an der Gesellschaft überhaupt nicht interessiert ist. Die griechische *polis*, der Stadtstaat, war der Ort, wo sich ein Mann bewährte: Im Einsatz für das Ganze. Vielleicht ist das einer der Gründe, warum Männer am Stammtisch sitzen und immerhin über Politik *reden*. Gott sei Dank gibt es als Balance dazu die weibliche Energie, die sagt: „Deine Weltpolitik in Ehren, lieber Mann, aber paß auf, daß du deine kleine Welt dabei nicht ganz aus den Augen verlierst." Weibliche Energie versucht, ein Zuhause zu schaffen, für Wärme und Harmonie zu sorgen.

Viele Familien haben sich mit „falscher Weiblichkeit" beschieden. Männer meinen, der Sinn ihres Lebens bestünde darin, das Eigenheim zu pflegen. Das ist – nach griechischen Maßstäben – Idiotie.

Wenn man die großen mittelalterlichen Städte Europas ansieht mit ihren großen Plätzen und Brunnen und Kathedralen und dann nach Amerika zurückkehrt, fällt einem die Differenz besonders auf. Der „amerikanische Traum" besteht letztlich nicht darin, ein echtes Gemeinwesen, eine herrliche Stadt zu bauen – sondern zu gewährleisten, daß jeder sein eigenes Häuschen hat. Gegenüber dem mittelalterlichen katholischen Denken, das darauf ausgerichtet war, eine Gottesstadt zu bauen, kann ich das nur als Verarmung empfinden: Ich baue *mein* Haus, achte auf *mein* Wohnviertel

(Behinderte und Ausländer werden in Gettos abgeschoben). Auch das sehe ich als einen Ausdruck dafür, daß es uns an männlicher Energie fehlt. Der *echte* Mann begreift, daß es nur einen Weg gibt, die eigene Familie zu schützen: indem er die gesamte Menschheitsfamilie schützt. Aber es gibt nur wenige Männer, die diesen Blick überhaupt noch haben oder darüber reden.

Schöpferische Freiheit

Männliche Energie ist *Freiheit zu*, nicht nur *Freiheit von* etwas. Wofür setzen wir unsere Freiheit ein? Wir nehmen das Wort „Freiheit" in den westlichen Demokratien so schnell und leicht in den Mund. Unsere politischen Freiheiten sind kein Garant für innere Freiheit. Die wichtigste Befreiung findet selten statt: Die Befreiung vom eigenen Egoismus. Wir haben uns in unserer Kultur tyrannische Egos zugelegt, die permanent gepäppelt und beachtet werden wollen. Unser Ego muß sich wohl fühlen, unser Ego pocht auf seine Rechte – und dann kommt lange nichts. Männlichkeit bedeutet Verantwortung. Wer über seine Rechte redet, muß auch über seine Verantwortung reden. Was ist unsere Verantwortung für die Zukunft der Welt, für die Gesellschaft, für unsere Stadt, für die Kirche, für die Armen? Viele von uns stellen diese Fragen nicht, weil uns kaum jemand vorgemacht hat, daß und wie man so fragt.

Männliche Energie geht Risiken ein, sie ist nicht nur zielstrebig, sondern risikofreudig. Ziele kann man sich auch stecken, um sich selbst auszuweichen. Wagnisse, die man aus innerer Überzeugung eingeht, verbinden die Innenwelt und die Außenwelt.

Männliche Energie ist schöpferisch. Jesus sagt Joh. 5,17: „Mein Vater ist bis heute am Werk, und ebenso bin ich am Werk." Neulich hat ein Mitglied unserer Gemeinschaft in einer Predigt gesagt: „Wenn man lange genug bei Gott rumhängt, beginnt Gott abzufärben." Man arbeitet nicht mehr aus irgendeinem moralischen Leistungsdruck heraus oder weil „man" als Christ dies oder jenes tun sollte. Wenn man mit jemandem zusammenlebt, dann färbt dessen Energie ab. Wenn man mit Gott lebt, dann beginnt Gott abzufärben. Das Wesen Gottes aber ist *Kreativität, Schöpferkraft.* Wer mit Jesus lebt, für den wird das, was Jesus will, immer mehr das, was er selbst auch will. Jesus nennt das, was er will, das „Reich Gottes". Dieses „Reich" ist das größte nur denkbare Ziel, denn es umfaßt alles: Menschen, Tiere, Natur, die gesamte Schöpfung. Wenn man das mit jenem passiven, kleinkarierten Christentum vergleicht, zu dem man uns erzogen hat, dann sieht man leicht den Unterschied. Erst wenn man weiß: „Ich und der Vater sind eins", kann man große Risiken eingehen. Dann muß man nicht immer der liebe, brave Junge sein. Dann muß man nicht ständig seinen Bückling vor dem System machen.

Die Versuchung Jesu in der Wüste zeigt das sehr plastisch. Er war dreißig Jahre alt geworden. So lange hatte es auch für ihn gedauert, bis er hören konnte, daß sein Vater zu ihm sagte: „Du bist mein geliebter Sohn." Das geschah bei seiner Taufe im Jordan. Jetzt wußte er, wer er war. Von diesem Zeitpunkt an hatte er die Freiheit, mit großer Entschiedenheit loszuziehen und sich den Versuchungen siegreich zu stellen. Er hatte dem Bösen etwas Stärkeres entgegenzusetzen.

Der innere Ort, wo wir hören können, daß wir gerufen und bestätigt sind vom Vater, jenes Selbstbewußtsein, das die meisten mystischen und geistlichen Autoren die „Seele" nennen – das ist der Ausgangspunkt. Es ist der Ort, wo ich und der Vater eins sind. Wir haben es versäumt, Menschen an ihren geistlichen Personkern, an ihre eigene Mitte heranzuführen. Wir haben Kirchgänger produziert, aber nur wenige geistliche Persönlichkeiten.

Der kürzlich verstorbene Jesuit und Theologieprofessor *Karl*

Rahner sagt sinngemäß: Im nächsten Jahrhundert wird die Volkskirche tot sein. Die Christen, die die jetzt bestehende Kirche überleben werden, das werden „Mystiker" sein. – Vielleicht ist das etwas übertrieben. Aber worauf Rahner hinaus will, ist wohl dies: Wenn die Kirche mehr und mehr anfängt die Wahrheit zu sagen (und die katholische Kirche in Amerika beginnt gerade damit, auch wenn sie dadurch in Gegensatz gerät zur bestehenden weltlichen Macht), dann wird es immer weniger opportun werden, Mitglied dieser Institution zu sein. In manchen Ländern geschieht das bereits. Dennoch ist die Kirche gerade in Amerika und Europa noch immer ein Phänomen der gutbürgerlichen Mittelschicht. Aber wenn wir wirklich beginnen, Jesus und das Evangelium beim Wort zu nehmen, dann wird das auf die Dauer beängstigend – oder sinnlos. Ohne echte Spiritualität werden auch die Rituale der Kirche immer sinnentleerter. Deshalb werden Menschen nötig sein, denen es um geistliches Leben geht und nicht nur darum, in irgendeinem Kirchenvorstand oder Pfarrgemeinderat mitzumischen.

Tun vor Sein

Männliche Energie hat „Biß", ist offensiv. Deshalb reden wir vom „wilden Mann". Männliche Energie zieht das Tun dem bloßen Sein vor. Es ist kein Wunder, daß die Theologie der Befreiung viele traditionelle Christen so in Panik versetzt. Diese Theologie will sich nicht mit religiösen Theorien zufriedengeben, es geht ihr um die Praxis. Was geht vor in der Welt? Wir müssen uns mit den Fakten und Realitäten auseinandersetzen und fragen: Was bedeutet das Evangelium angesichts der Realitäten dieser Welt?

In meinem Studium wurde mir eine *deduktive* Theologie vermittelt. Wir begannen mit Grundprinzipien, die *Thomas von Aquin* im Mittelalter an der Pariser Universität formuliert hatte. Von diesen Prinzipien wurde dann abgeleitet, wie die Wirklichkeit auszusehen habe. Das hatte den Vorteil, daß wir dadurch eine gemeinsame, geschlossene Weltsicht und -interpretation bekamen. Es hat mindestens 300 Jahre gedauert, bis man gemerkt hat, daß 98 Prozent der Menschheit mit diesen Prinzipien schlicht und einfach nichts anfangen konnten.

Ich war Mitglied einer Kommission des Franziskanerordens über Mission und Evangelisation in Rom. Dort haben wir Statistiken über die Probleme der europäischen Kirchen durchgearbeitet. Die Kirche in Europa ist in einem erbarmungswürdigen Zustand. Ganze drei Prozent der Italiener unter 35 identifizieren sich ernsthaft mit der römisch-katholischen Kirche. Und trotzdem tun wir noch immer so, als würden wir zum ganzen Volk reden und als würden die Leute uns noch zuhören – nur weil da noch immer die herrlichen alten Kathedralen stehen. Sicherlich würde der Durchschnittsitaliener sagen: Ich bin katholisch. Aber für die Lebenspraxis bedeutet diese Aussage so gut wie gar nichts. Wir leben im Zeitalter des praktischen Atheismus.

Deshalb müßten wir als Leute der Kirche endlich ehrlich werden. Gottes Weg in der Inkarnation Jesu war ein *induktiver* Weg. Wir müssen aufhören, im Himmel anzufangen, Prinzipien aufzustellen und die Wirklichkeit daraus abzuleiten. Wir müssen statt dessen beginnen, die Zeichen der Zeit zu sehen und zu deuten – so wie es das 2. Vatikanische Konzil empfohlen hat. Wir müssen lernen, die Realität zu lesen, unser eigenes Herz, unsere eigene Erfahrung. Und wir müssen lernen, all dem zu vertrauen.

Wenn ich Seminare mit Priestern halte, gibt es nichts, was sie mehr in Aufruhr versetzt und ihnen mehr Angst macht, als wenn ich sage: „Traut euch selbst!" Zigmal ist mir gesagt worden: „Das habe ich noch nie in meinem Leben gehört!" Kein Wunder, daß solche Pfarrer nicht fähig sind, ihre Gemeinden zu Selbstvertrauen und Eigenständigkeit zu führen.

Man hat uns vom ersten Tag im Priesterseminar an beigebracht: „Ihr könnt euch selbst nicht über den Weg trauen. Eure Gedanken und Gefühle sind gefährlich und bedeutungslos. Und alles, was Spaß macht, ist wahrscheinlich eine Todsünde. Deshalb: Finger weg davon!" Aber wohin soll es führen, wenn man schon mit völlig negativen Voraussetzungen beginnt, mit Angst und Mißtrauen? Deshalb möchte ich diese Erlaubnis aussprechen: „Habt Selbstvertrauen." Es gibt Schlimmeres in der Welt, als Fehler zu machen. Mit welchem Recht sagen wir den Menschen, daß Fehler so schrecklich sind? In Wirklichkeit sind Fehler der einzige Weg, um zu lernen und zu reifen. Ich habe noch nie eine reife, weise Persönlichkeit getroffen, die nicht auch einmal tief in ein paar Sackgassen geraten war.

Männlichkeit bedeutet Tat. Wir lernen durch Tun – und natürlich dadurch, daß wir das, was wir tun, hinterher auswerten. Ich möchte das Reflektieren nicht madig machen. Aber wenn man ewig Engagement vermeidet, um sich die Finger nicht schmutzig zu machen und ja keinen Fehler zu begehen, gibt es auch nichts Neues unter der Sonne. In unserer Gemeinschaft gab es einige Leute, die ewig am Rand standen, ewig auf Beobachterposten, ewig alles kritisch hinterfragten – und sich nie auf irgend etwas wirklich einließen. Diese Leute taten immer so, als ob sie sofort einsteigen würden, wenn erst einmal ihre kritischen Fragen beantwortet wären. Unsere Gemeinschaft ist jetzt dreizehn Jahre alt. Aber einige Leute stehen immer noch am Rand und stellen noch immer ihre Fragen von außen. Für manche wird das zum Lebensstil. Aber letztlich lähmt sie diese Haltung, macht sie gewissermaßen unfähig zur „Inkarnation", unfähig, Risiken einzugehen, unfähig, wirklich zu leben. Es gibt immer *noch eine* ungelöste Vorüberlegung, *ein weiteres* Wenn und Aber, bevor sie sich auf die Realitäten einlassen können. Von solchen Leuten geht niemals irgend etwas aus; sie bringen selbst nichts auf die Beine.

Gott, der Vater, wird im ersten Buch Mose ganz am Anfang als der Schöpfer vorgestellt. Ein Schöpfer ist jemand, der etwas zum Leben bringt, der etwas „losmacht". Männliche Energie ist schöpferisch – nicht nur bewahrend. Beide Energien sind nötig, um Leben zu ermöglichen. Aber zu viele Menschen sind damit beschäftigt, Leben zu bewahren, das sich in Wirklichkeit gar nicht ereignet. Das geschieht sowohl in der Kirche als auch in der Gesellschaft. Jedermann versucht, den Status Quo aufrechtzuerhalten, das „Gute" zu bewahren. Ich bin oft nicht sicher, ob wir dieses „Gute" überhaupt haben. Die gesamte Stimmung unserer amerikanischen Gesellschaft ist konservativ in diesem negativen Sinne. Konservativismus entsteht, wenn man meint, jetzt hätte man's. Leute, die es „weit gebracht" haben, können sich solchen Konservativismus leisten. Denn Veränderungen könnten ihnen ihren Platz da oben streitig machen. Menschen, die am Rand stehen oder ganz unten, können sich den Luxus einer konservativen Lebenshaltung nicht leisten. Sie müssen auf Veränderung drängen.

Schöpfung muß notwendigerweise der Bewahrung und Erhaltung vorausgehen. Wenn wir etwas bewahren, was eigentlich nicht wirklich geschaffen ist, dann verweichlichen wir. Wir werden unfähig, Opfer zu bringen, deutliche Urteile zu fällen und klare Ziele zu verfolgen. Die „neue Jugend", die jetzt heranwächst, ist zum großen Teil unfähig, für irgend etwas einzustehen außer für ihre Karriere, ihre Bequemlichkeit, ihr, ihr, ihr ... Wiederum ein Phänomen ungeheuer aufgeblasener Egos – und wenige, die wirklich auf *andere* eingehen können. Denn eigentlich gibt es keinen anderen. Alles wird von der Warte betrachtet: Was bringt es *mir*? Spiritualität bedeutet ihrem Wesen nach *Auslieferung an das ganz andere, an das Nicht-Ich, an Gott.* Wenn man Menschen erlaubt, diese Riesen-Egos aufzubauen, dann kann sich so etwas wie Spiritualität kaum noch ereignen. Freilich kann man religiös sein. Das bedeutet aber noch lange nicht, eine im geistlichen Sinne reife Persönlichkeit* zu sein. Spiritualität ist ein Weg, auf dem das Ego immer mehr zurückgenommen werden kann. Viel mehr Leiden in der Welt kommt von Menschen, die Anstoß nehmen, als von Menschen, die Anstoß geben. Ich erlebe viele Menschen, die permanent verletzt und beleidigt sind, weil „ihre Rechte" nicht gewahrt werden. Jede Gruppe, auch innerhalb der Kirche, ist hauptsächlich damit beschäftigt, eigene Rechte zu verteidigen. Deshalb müssen im Pfarrgemeinderat möglichst alle Interessengruppen vertreten sein. Wir brauchen eine Lesbierin türkischer Abstammung im Kirchenvorstand, damit alle türkischen Lesbierinnen repräsentiert sind. Es gibt kein Vertrauen mehr, daß ein anderer als ich selbst wirklich das Beste für mich wollen könnte. Auch das ist Idiotie. Jeder zieht sich auf sich selbst zurück und weitet sein eigenes Selbst so aus, daß er meint, die ganze Welt dreht sich ausschließlich um ihn.

Wenn ein Mensch seine eigene Seele noch nicht angenommen hat, wenn er die geistliche Wirklichkeit nicht erfaßt hat, dann muß er sich auf falsche Realitäten zurückziehen. Er muß ein falsches Selbst entwickeln – und dieses Pseudo-Selbst wird sich ständig von anderen beleidigt und angegriffen fühlen.

* Geistliche Reifung ist nach Richard Rohr ein lebenslanger Prozeß, der sehr eng mit der psychischen Persönlichkeitsreifung zusammenhängt, sich aber dennoch von ihr unterscheidet. Psychische Reife besteht nach gängigem Urteil in „Arbeits-, Liebes- und Genußfähigkeit". Sie beinhaltet nicht unbedingt eine religiöse Haltung. Zur geistlichen Reifung gehört vor allem die ständige Auseinandersetzung mit Gott. Hilfsmittel auf dem Wege zu solcher Reifung sind zum Beispiel ein diszipliniertes Gebetsleben, seelsorgerliche Begleitung durch einen „Reiferen", das Gemeinschaftsleben mit anderen im Gottesdienst, Meditation, regelmäßiger Rückzug in die Stille etc. Im christlichen Sinne besteht geistliche Reifung darin, Christus ähnlicher zu werden. So haben es die geistlichen Meister und Seelenführer der West- und Ostkirche immer verstanden. (Anm. d. Hrsg.)

Männliche Energie hängt mit Einsamkeit und Alleinsein zusammen – ich habe das bereits im Zusammenhang mit Johannes dem Täufer erwähnt. Wir brauchen die Freiheit, allein sein zu können. Wenn wir – wie die Pharisäer und Schriftgelehrten – ständig die Clique brauchen, mit dem herrschenden Bewußtsein übereinstimmen müssen, nie anders sein und nie alleinstehen können, um uns mit unseren eigenen Gedanken und Ängsten und mit unserer Einsamkeit auseinanderzusetzen, dann werden wir sicher keine wilden Männer. Deshalb hat männliche Energie etwas mit Selbständigkeit zu tun. Es ist etwas Wunderbares, wirklich selbständige Menschen zu treffen. Wenn man mit ihnen redet, bekommt man eindeutige und klare Antworten – und nicht nur Reaktionen.

Männliche Energie ist nicht nur passiv, sondern *aktiv*. Aktivität ist natürlich ein verbreitetes Klischee für Männlichkeit. Aber in solchen Verallgemeinerungen liegt ja oft auch etwas Wahres. Ich glaube deshalb, daß auf jeden Rückzug, den wir uns erlauben – und ich halte Rückzug für sehr wichtig –, ein „Zug vorwärts“, eine Konfrontation, ein aktives Engagement folgen sollte. Manche Leute verbringen ihr ganzes Leben damit, auf Meditationswochen und Einkehrtage zu fahren. Oft sind das Leute, die sich nirgendwo aktiv engagieren, die also nicht auftanken müssen, um wieder mehr geben zu können. Irgendwann wird so etwas zur reinen Nabelschau. Man redet davon, man sei auf der Suche nach Gott – in Wirklichkeit kann man auf diese Weise auch davonlaufen vor Gott. Es gibt überhaupt kaum einen erfolgreicheren Weg, Gott auszuweichen, als sich religiös zu betätigen, sich ständig mit frommen und heiligen Dingen zu beschäftigen. Unser Leben braucht die Balance zwischen Kontemplation und Kampf, wie es *Roger Schütz* nennt. Einsamkeit, Reflexion und Gebet sind wesentliche Voraussetzungen des geistlichen Le-

Die Johannesfiguren (Albrecht Altdorfer)
Zwei Aspekte kreativer Männlichkeit

bens. Aber gleichzeitig ist Engagement nötig, ein Ort, wo ich mich aktiv auf die Realität einlasse. Es gibt Exerzitienmeister in Einkehrhäusern, die für ihre stillen Wochen nur Leute zulassen, die im aktiven Dienst stehen. Das empfinde ich als sehr sinnvoll. Denn über welche geistlichen Zusammenhänge muß ein Mensch reflektieren, der sich am aktiven Wirken des Geistes in der Welt gar nicht beteiligt? Wir dürfen Spiritualität nicht so mißverstehen, als bestünde geistliches Leben darin, im Wald zu sitzen und an den Herrn Jesus zu denken. Das wäre eine Verleugnung der Inkarnation, der Weise, wie Jesus selbst gelebt hat. Jesus zog sich zurück zum Gebet, um dann wieder unermüdlich und aktiv da zu sein für die Menschen und ihre Bedürfnisse. Das Leben Jesu ist Tat und Engagement, er begibt sich in die weltlichen Sachzwänge hinein. Jesus war kein rein kontemplativer Mensch. Die Inkarnation selbst könnte als *phallische, schöpferische, männliche Entscheidung Gottes* bezeichnet werden. Wir brauchen den Blick nach innen, aber wir brauchen auch einen Kontext, Lebensumstände, in denen wir aktiv wirken. Wirkliche Veränderung von Menschen ereignet sich nicht auf Einkehrtagen (ich habe genügend gehalten, um das zu wissen), sondern in der Anwendung geistlicher Erfahrungen bei der Konfrontation mit den Alltagsrealitäten. Nicht Predigten bekehren Menschen, sondern Umstände. In der Regel *denken wir uns nicht in eine neue Lebensweise hinein, sondern wir leben uns in eine neue Denkweise hinein.* Deshalb ist es wichtig, daß wir uns mit unserem Leben Situationen der Herausforderung stellen, wo wir nicht im Vorneherein die Kontrolle und die Lösungen haben, wo wir nicht als Sieger einziehen, wo wir vielleicht keine gute Figur machen. Unsere Mittelschicht weigert sich, das zu tun, und deshalb ist der mittelständische Stadtrand zum Ghetto geworden. Die Mittelschicht lebt in der Nachbarschaft von Menschen, die sich genauso kleiden, die gleichen Werte haben, dieselben Politiker wählen. Solche Menschen sind gleichsam geklont. Das ist nur scheinbar Freiheit.

Aber wir merken nicht einmal, wie oberflächlich solches Leben ist. Es ist bequem, nichts zu tun, was Anstoß erregen oder wofür man ausgelacht werden könnte.
Männliche Energie bahnt Pfade, damit etwas Neues geschehen kann, gemeinsam mit dem Weiblichen. Ohne das weibliche Element wird das zur reinen Abenteuerlust ohne Tiefgang.
Meine eigene diesbezügliche Umwandlung hat in der Dritten Welt begonnen. Dort bin ich in Situationen und Umstände geraten, die mich gezwungen haben, die Wirklichkeit neu und anders zu sehen. Jeder *Blickpunkt* ist ein *Blick* von einem ganz bestimmten *Punkt* aus. Als Männer müssen wir – ebenso wie die Frauen – herausfinden: Was ist *mein* Blick-Punkt? Von wo aus betrachte ich die Welt? Wenn man in der Gesellschaft unten steht, dann sieht man die Welt einfach völlig anders, als wenn man oben steht. Das ist so offensichtlich. Ich verstehe nicht, weshalb wir das nie zuvor begriffen haben. Das ist keine marxistische Analyse, das ist schlicht und einfach die Wahrheit. Es ist offensichtlich, daß Gastarbeiter in einem Ghetto eine andere Weltsicht haben als Industriebosse mit einer Villa im Grünen. Wenn wir selbst zu den Privilegierten gehören, dann ist es wichtig, daß wir ab und an *unser* Ghetto verlassen um zu begreifen, daß es noch eine andere Welt und eine andere Weltsicht gibt als unsere. Auch die Welt der Unterprivilegierten mit ihrem Zynismus und Fatalismus ist nicht alles. Auch das kann eine Falle sein. Jedenfalls besteht die Gefahr, daß der Reiche mit der Villa Gefangener eines naiven Optimismus ist. Wo immer wir sind, wir können Gefangene sein – anders ausgedrückt: wir können vor Gott davonlaufen. Das falsche Ego tut alles, um sich nicht verändern zu müssen, um sich abzuschirmen. Das Ego wird alles auf sich nehmen und die unglaublichsten Verrenkungen machen, um nur eines zu vermeiden: sich selbst zu verändern. *C. G. Jung* sagt: Bei dem Versuch, notwendige Veränderungen zu vermeiden, fügt sich der Neurotiker we-

sentlich mehr Schmerzen zu als die, die durch notwendige Veränderungen verursacht würden. Ich bin vielen Menschen begegnet, die sich auf einen beschränkten Horizont zurückgezogen haben – auf sich selbst, ihre Familie, ihre Kirche – um nicht erwachsen werden zu müssen.

Samenträger

Jeder Mann hat ein Zentrum, das sich als schöpferische Quelle erleben und ausdrücken will. Was meine ich damit? Es gibt einen Teil in jedem Mann, der unbedingt respektiert werden muß – sonst fühlt sich ein Mann unwohl in seiner Haut. Männer, die sich wohlfühlen in ihrer Haut und bei denen sich andere Menschen wohlfühlen, einschließlich anderer Frauen, sind Männer, die diese Mitte entdeckt haben. Männer müssen sich als schöpferisch erleben, um sich wirklich wohlzufühlen. An diesem schöpferischen Punkt identifiziert sich unsere Seele mit Gott, dem Schöpfer, dem Vater. Jeder Mann ist darauf angelegt, ein Vater zu werden. Das heißt: Leben zu schaffen außerhalb seiner selbst. Für Verheiratete kann sich das in der körperlichen Zeugung von Söhnen und Töchtern ausdrücken. Unverheiratete müssen dasselbe geistig und geistlich tun. Das ist einer der Gründe, weshalb ich diese Vorträge halte. Ich versuche, das geistliche Leben weiterzugeben und auszusäen, das ich hoffe, in mir zu haben. Ein Mann möchte sich als Schöpfer und „Autor" erleben. Aus der schöpferischen Erfahrung kommt sein Gefühl innerer Autorität. Er braucht das Gefühl, etwas zu initiieren.

Neulich kam eine junge Frau zu mir in die Beratung. Sie wollte die Beziehung zu ihrem Freund abbrechen. Der Grund: Sie hatte das Gefühl, ständig die Initiative ergreifen zu müssen. Das Ergebnis war, daß sie sagte: „Ich kann ihn nicht wirklich achten. Ich bemitleide ihn. Denn immer muß ich die Initiative ergreifen. Das gilt zwar heutzutage als normal und gut, aber ich werde dieses Gefühl nicht los, daß ich ihn eigentlich bedauere." Es gibt viele Frauen, die ihre Männer bemitleiden, auch wenn sie das vielleicht nicht zugeben. Sie spüren, daß es da an „phallischer Energie" fehlt, daß einfach nichts ausgeht von ihrem Mann. Er wartet darauf, daß jemand anderes das Säen übernimmt.

Ich glaube – auch wenn einige Feministinnen anderer Meinung sein sollten –, daß Biologie Schicksal ist. Das drückt sich sehr bildlich in unseren Genitalien aus. Wir tragen Samen mit uns und sind darauf angelegt, ihn auszusäen. Diese biologische Tatsache ist tief in die männliche Psyche eingegraben: Wir wissen, daß wir Samenträger sind und etwas Neues schaffen und zeugen müssen, um schließlich etwas wachsen zu sehen.

Ein wichtiger Teil des Mannes versteht sich als Werkzeug des Lebens. Männliche Energie ist eher instrumental, weibliche Energie eher beziehungsorientiert. Der Mann ist Energiespender. Energie zu spenden, das ist eine geistliche Aktivität. Diese Energie kommt nicht aus dem Kopf, sondern aus jenem Teil, den die östlichen Religionen das „Herz-Chakra" nennen, die Personmitte. Um uns selbst als Energiespender und Inspiratoren zu erfahren, müssen wir uns selbst – wie die chassidischen Juden sehr gewagt sagen – als „Gott" erkennen. Damit ist gemeint: Wir müssen uns mit unserem himmlischen Vater identifizieren können, wir müssen daran glauben, daß der Heilige in uns lebt – und das heißt: Wir müssen unserer eigenen Seele trauen. Ein chassidischer Jude sagt: „Wenn ich bete, dann bin ich Gott." Das Gebet ist in sich selbst Gott. Gebet ist keine Aktivität, damit Gott mit mir zufrieden ist und auch nicht nur ein Reden zu Gott. Gebet ist nichts anderes als Gott in mir. Christlich ausgedrückt: das Wirken des Heiligen Geistes. In Römer 8 steht: „Der Geist hilft unserer Schwachheit auf, denn wir wissen nicht, was wir beten sollen. Der Geist aber vertritt uns mit unaussprechlichem Seufzen." Echtes Gebet ist das Seufzen des göttlichen Geistes in uns. Der Heilige Geist selbst wirkt und *ist* die Gabe des Gebetes in uns.

Viele Menschen sind unzufrieden mit ihrem Gebetsleben. Ich pflege solche Leute zu fragen: „Sehnst du dich danach, wirklich zu beten?" Solange es die Sehnsucht nach Gebet, die Sehnsucht nach Gott in uns gibt, ist der göttliche Geist noch am Werk in uns. Ohne diese Sehnsucht allerdings ist die geistliche Realität abgeblockt.

Jesus als Sohn des Vaters war sich dessen zutiefst bewußt. Er ist der „Held", der „wilde Mann" schlechthin. Beide Reisen, von denen wir geredet haben, führen schließlich zu Jesus. Er ist derjenige, der beides in sich völlig vereinigt hat.

Wenn man sich irgendeines der vier Evangelien vornimmt und irgendwo in der Mitte anfängt zu lesen, dann wird man erleben – ohne irgend etwas gewaltsam hineinzuinterpretieren – wie Jesus die schönste nur denkbare Balance von Männlichkeit und Weiblichkeit ist. Einmal sehen wir ihn bei der Kontemplation in der Wüste, dann redet er sanft und einfühlsam mit einer Frau, dann wieder tritt er den Pharisäern in aller Schärfe entgegen. Er engagiert sich und heilt und kämpft – und zieht sich wieder zurück in die Stille des Gebets, in den mütterlichen Schoß Gottes, wo er ausruhen und auftanken kann. Hier ist er ganz passiv, er hört zu, er versteht und wird verstanden. So bewegt sich Jesus in den Evangelien ständig hin und her zwischen beiden Polen. Ohne Gebetserfahrung, ohne eine gewisse mystische Erfahrung, ohne Momente der Vereinigung werden Aktivismus, Abgrenzung und Sachlichkeit zur Falle. Die innere Erfahrung der Einheit mit dem Vater ist nötig, um uns vor falscher Männlichkeit zu bewahren. Diese innere Erfahrung könnte man auch so ausdrücken: „Du bist o. k. Ruh dich aus. Du mußt nichts beweisen, du mußt nichts leisten, du mußt Papas Liebe nicht verdienen (weil du sie sowieso schon hast)." Ohne diese tiefe Gelassenheit gibt es keine echte Männlich-

Modell Jesus: Zärtlichkeit und Konfrontation
Kindersegnung und Tempelreinigung (Schnorr von Carolsfeld)

keit. Die Seele des Mannes ist Gott gegenüber weiblich. So haben es alle großen Mystiker gesehen. Aber dieser Ort tiefster Weiblichkeit in uns ist zugleich der Ort, wo tiefe Männlichkeit schlummert. Männer und Frauen unterscheiden sich am meisten voneinander, bevor sie sich auf die Reise machen. Am Ende der Reise sind sich beide ähnlich und entdekken ihre Seelenverwandtschaft. Tiefe Männlichkeit und tiefe Weiblichkeit liegen nicht mehr im Streit miteinander. Sie sind fähig, einander zu erkennen, anzunehmen und zu lieben. Sie ergänzen und bereichern einander.
Die Reise nach innen muß für beide eine Reise zu jenem innersten Ort der Seele sein, wo uns der Vater beim Namen ruft, wo der Vater uns Sohn und Tochter nennt, wo der Vater an uns glaubt. Der Sohn kann nur an den Vater glauben, wenn der Vater zuvor an ihn geglaubt hat. Der Vater muß den Anfang machen.
Neulich hat mir ein Psychiater gesagt, die meisten männlichen Jugendlichen unserer Gesellschaft hätten bereits mit 16 Jahren kaum noch echten Respekt vor ihrem Vater. Mit 16 haben sie bereits genug an mangelnder innerer Autorität seitens ihrer Väter erlebt, so daß sie nicht mehr zu ihnen aufschauen können. Der Sohn kann dem Vater nur das zurückgeben, was der Vater zuvor ihm gegeben hat.
Das Herz unseres christlichen Glaubens ist das Geheimnis der Trinität. Es beinhaltet die vollkommene Gegenseitigkeit, den Fluß der Liebe zwischen Vater und Sohn. Die Liebe des Vaters, die Jesus in seiner Taufe erfährt, ermöglicht es ihm, sich seinerseits ganz hinzugeben an den Vater. Er kann dem Vater das sagen, was er zuvor vom Vater gehört hat. Jesus sagt einmal: „Ich rede nur das, was ich vom Vater höre."
Bei unserer Taufe wurde uns gesagt, daß wir Kinder Gottes sind. Wir brauchen ein ganzes Leben, um zu lernen, an unsere Taufe zu glauben. Es geht nicht darum, unsere Taufe zu verdienen – wir haben sie bereits empfangen –, sondern darum, an das zu glauben, was die Taufe sagt. Wir sind

„göttlichen Geschlechts“ (ApG. 17,28). Wir sind Söhne Gottes. Er ist unser Vater. Was einst in Gott war, ist jetzt außerhalb von Gott: nämlich wir. Das Christentum bedeutet nicht, daß Menschen erst in diese Realität hineingerettet werden müssen. Christentum bedeutet, diese Tatsache bekanntzumachen. Glücklich, wer sie hört und annimmt. Als Christen sind wir die Verkünder der guten Nachricht; wir sagen den Menschen, daß sie Söhne und Töchter Gottes sind.

In unserer funktionalen Kirche haben wir alles auf den Kopf gestellt. Viele Leute versuchen ein Leben lang, das zu verdienen, was ihnen längst gehört. Wir versuchen, unseres Vaters würdig zu werden. Wir werden Gottes niemals würdig. Wir sind bereits seine Kinder.

Das, was ich sage, klingt zunächst sehr psychologisch und soziologisch. Aber es ist das schlichte Evangelium. Vielleicht fehlt uns auch deshalb männliche Energie, weil wir das einfache Evangelium nicht verstanden haben. Vielleicht aber konnten wir das Evangelium nicht glauben, weil da kein Vater war, der an uns geglaubt hat. Paulus sagt im Römerbrief: „Wie können wir glauben, wenn es uns keiner sagt?“

Dritte Rede

DER JUNGE UND DER ALTE

Männer, denen jene männliche Energie niemals gegeben wurde, sind zutiefst geschädigt. Ihnen fehlt etwas. Bestimmte Verhaltensweisen, die aus diesem Mangel resultieren, sind geradezu vorprogrammiert.

Die vaterlose Gesellschaft

Als ich in Peru Einkehrtage mit Priestern und Ordensleuten gehalten habe, erzählte mir eine Nonne, die in einem Gefängnis arbeitet, ein Erlebnis, das ich nie vergessen werde. Kurz vor dem Muttertag baten sie alle Gefangenen, ihnen Muttertagskarten zu besorgen. Kurz vor dem Vatertag, der dort auch begangen wird, deckte sie sich rechtzeitig mit genügend Karten ein. Aber kein einziger dieser Männer bat um eine Vatertagskarte. Sie war den Tränen nahe, als sie mir das erzählte. Sie spürte, daß es einen Zusammenhang gab zwischen diesem Erlebnis und der Tatsache, daß diese Männer im Gefängnis saßen. Sie mußten im Leben auf Abwege geraten, weil sie niemals erfahren hatten, wer sie waren, weil kein Vater ihre Männlichkeit bestätigt hatte. Die Folge war eine falsche, gewalttätige Männlichkeit. Wenn ein Mann niemals echter Männlichkeit begegnet, dann muß er sich auf eine Pseudo-Männlichkeit zurückziehen. Ein Mann, der beide Reisen gemacht hat, kann darauf verzichten. Wer echte Stärke in sich entdeckt hat, braucht all die Pseudo-Stärke nicht mehr.

Wenn ein Mann nicht an sich selbst glauben kann, wenn er nicht weiß, daß er in sich selbst eine Quelle schöpferischer Kraft hat, dann löst das Wut und Gewalttätigkeit aus. Sie richten sich gegen eine Welt, die einem Mann die Stärke nicht gibt, die er eigentlich bräuchte. Es überrascht nicht, daß solche Männer gewaltige Autoritätsprobleme haben und ihren ganzen Haß gegen jene männlichen Autoritätsfiguren richten, die für sie die gesamte Gesellschaft repräsentieren. Es ist fast so, als wollten sie die Autoritäten – beispielsweise die Polizei – herausfordern, ihnen das zu zeigen, was sie von Männern nie bekommen haben: Kraft, Stärke, Energie.

In Japan gibt es eine Redewendung: „Der Japaner haßt dreierlei: Erdbeben, Feuer und Väter." Sie hassen die Väter dafür, daß sie ihnen das versagen, was sie brauchen. Die negative Folge besteht, wie schon erwähnt, darin, daß diese Männer ständig aufeinander sitzen müssen, um sich gegenseitig zu bestätigen, anstatt wirkliches Familienleben aufzubauen.

In letzter Zeit wurde sehr viel über die psychologischen Hintergründe von Vergewaltigungen geschrieben. Vergewaltigung ist weniger ein sexuelles Problem als ein Problem von Gewalt und Haß gegen Frauen. Auch hier haben Männer ihre echte Männlichkeit nicht entdeckt. Sie können sich selbst nicht wirklich mitteilen und glauben nicht daran, daß sie liebenswert sind. Deshalb werden sie gewalttätig. Diese Gewalt richtet sich gegen Frauen, die einen annehmen und lieben sollten. Aber man ist sich sicher, daß sie das nicht tun werden, weil man nicht an sich selbst glaubt. Männer ohne männliches Selbstvertrauen können Ersatz auch in vielerlei Süchten suchen. Der vaterlose Mann, der Mann, der an seinen Vater weder glauben noch ihn achten kann, zieht sich normalerweise in eine Clique Gleichgesinnter (oder Gleichgeschädigter) zurück. Natürlich ist es für alle jungen Leute normal und gut, die Gruppe Gleicher zu suchen und dort neue Werte anzunehmen. Aber der Sohn, der das Gefühl hat, sein Vater habe ihm wirklich etwas zu geben, wird nicht so dumm sein, darauf zu verzichten. Er wird es sich holen.

Ein Sohn muß daran glauben, daß sein Vater ihn liebt, bewundert und respektiert. Es geht nicht nur darum, daß der

Vater stolz ist auf seinen Filius. Er muß spüren, daß er respektiert wird. Solch ein Sohn wird in der Lage sein, das „Kompliment zu erwidern“. Auf diese Weise kann der Sohn in gewisser Weise Kamerad seines Vaters werden. Solange wir unsere Söhne nur bevormunden, bleiben wir immer in der Rolle des Überlegenen. Dann muß der Sohn mit Gewalt ausbrechen. Er muß seinen eigenen Weg und seine eigene Männlichkeit finden. Deshalb müssen wir als Väter unseren Söhnen echte Achtung und Wertschätzung entgegenbringen. Das fällt Vätern sehr schwer. Denn als Väter sehen wir natürlich die Unreife unserer Söhne, ihre Fehler und Schwächen. Wir stehen immer in der Gefahr, die Söhne von der Warte unserer Werte und unseres Alters aus zu betrachten. Ein Teil väterlicher Energie besteht ja tatsächlich darin, vom Sohn etwas zu erwarten und zu fordern – positiv ausgedrückt: ihm etwas zuzutrauen.

Machtlose Macht – mächtige Machtlosigkeit

In meinem Büro hängt ein Bild, das aus dem ehemaligen Zisterzienserkloster Heilsbronn in Mittelfranken stammt. Als ich Vorträge in Deutschland hielt, ist ein Freund mit mir dorthin gefahren. Er meinte: „Ich glaube, dieses Bild wird dir sehr gefallen.“ Und es faszinierte mich tatsächlich. Wir besorgten uns einen Posterabdruck. Es hängt seither bei mir an der Wand. Dieses mittelalterliche Altarbild zeigt zunächst eine typische Vaterfigur. Gott ist als alter Vater mit langem Bart dargestellt. Er blickt eher streng drein. In der Hand hält er den Reichsapfel, das Symbol der Weltherrschaft. Aber obwohl es Gott selbst ist, entgleitet ihm die Weltkugel. Das gefällt mir. Denn mir wird immer klarer, daß Gott nicht im herkömmlichen Sinne „allmächtig“ ist und alles in der Hand hat. Unsere Theologie behauptet das zwar, und in gewisser Weise ist diese Aussage sicherlich dogmatisch richtig. Aber vom Menschen aus betrachtet ist das offensichtlich falsch. Wo und wie ist denn für uns Menschen sichtbar, daß Gott wirklich regiert und die Dinge in der Hand hat? Das hängt mit seiner Liebe zusammen. Liebe erlaubt der Gegenseite, selbständig zu sein und die Spielregeln zu bestimmen. Der fallende Reichsapfel ist ein ehrlicheres Bild als das Bild eines Gottes, der alles im Griff hat.

In der anderen Hand hält der Vater das Schwert. Das symbolisiert für mich jenen Teil Gottes, der von seinen Kindern erwartet und fordert, das zu werden, was in ihnen steckt. Gott hat eine (heraus)fordernde Seite. Jeder menschliche Vater weiß, daß es nicht immer nur auf die weiche Tour geht. Oft hat man vom zornigen Gott des Alten Testaments gesprochen. Ich halte das für keine glückliche oder angemessene Begriffswahl. Es geht vielmehr um die fordernde Seite der Liebe, die auch einmal stoßen und drängen muß. Weiter oben habe ich das „harte Liebe" genannt. Echte Liebe muß dieses Element der Härte enthalten.

Gegenüber dem Vater steht – Auge in Auge – Jesus. Er ist fast nackt und blutet. Den Daumen bohrt er geradezu in seine Seitenwunde, als wolle er seine Verwundung besonders hervorheben, dem Vater gleichsam vorhalten. Jesus symbolisiert jenen Teil Gottes, der nicht siegreich ist, sondern scheitert, den Verlierergott, den Gott, der sich mit dem Gebrochenen, dem Lahmen, dem Zukurzgekommenen, dem Schwachen identifiziert. Mit der zweiten Hand hält Jesus das Schwert fest, das der Vater schwingt. So entsteht zwischen Vater und Sohn eine horizontale Linie, die durch das Schwert markiert ist. Gleichzeitig blicken sich beide mit einer ungeheueren Intensität an. Es ist ein Blick kämpferischer, leidenschaftlicher Liebe. Sie nehmen einander in ihren völlig unterschiedlichen Positionen an, aber diese Annahme ist spannungsreich. Der Sohn ist der schwache Teil Gottes – der Vater ist die mächtige Seite. Der Vater repräsentiert die *Machtlosigkeit der Macht,* der Sohn die *Macht der*

Rechtfertigungsbild
aus dem Münster Heilsbronn
(Sebastian Dayg)

Machtlosigkeit. Gerade darin ergänzen die beiden einander. Auf dem Schwert zwischen beiden sitzt die Taube, das Symbol des Heiligen Geistes. Das heißt: In dieser Beziehung, wo sich beide Teile gegenseitig annehmen, kommt es zu einem Überschuß von Kraft, zu einer Ausstrahlung, die wir den „Heiligen Geist" nennen. Der Heilige Geist bezeichnet die Beziehung zwischen Stärke und Verwundbarkeit. Wir haben uns in der christlichen Tradition viel zuwenig mit dem Geheimnis der Trinität befaßt. Deshalb fällt es uns so schwer, Gott zu lieben und zu vertrauen. Viele Menschen meiden die geistliche Reise, weil sie vor beiden Seiten Gottes Angst haben. Wenn Gott nur mächtig scheint, dann sind wir überfordert. „Ich bin ihm nicht gewachsen. Er muß mich verurteilen. Er mag mich nicht. Deshalb mag ich ihn auch nicht." Die meisten Leute, die zu mir in die Seelsorge kommen, können Gott nicht leiden. Und erst recht sind sie unfähig, ihm zu vertrauen. Das gilt auch für viele Pfarrer und Ordensleute. Leider traut sich kaum einer, das zuzugeben. Man kann Gott tatsächlich nicht vertrauen, wenn man nur die eine Seite sieht. Wenn wir aber beide Seiten sehen – Stärke und Verwundbarkeit – dann können wir auch begreifen, daß wir selbst nach dem Ebenbild Gottes geschaffen sind. Denn das ist unser eigenes Bild. Auch in uns finden wir einen Teil, der nach Höherem strebt, der uns Großes zutraut und viel von uns fordert. Doch da ist in uns auch jener Teil, der sehr schwach und verwundbar ist. Wie bei uns gehören bei Gott beide Seiten zu seinem Wesen.

Aber das ist noch nicht das ganze Bild – obwohl schon das genug Stoff zur Meditation wäre. In der Mitte des Bildes befindet sich eine Art Kluft oder Einschnitt. Auf der Gegenseite steht Maria, die in der christlichen Kunst immer auch zugleich die Kirche repräsentiert (die Gott gegenüber als weiblich dargestellt wird). Maria betrachtet aus dem Abstand heraus mit einer Art Mona-Lisa-Lächeln das Geheimnis der Trinität. Sie betrachtet es, sie läßt es so sein, wie es ist. Sie ist in einen gewaltigen Mantel gehüllt und hält einen Teil dieses Gewandes empor. Hinter ihr stehen weltliche und geistliche Würdenträger mit Tiara, Kronen und reichen Gewändern. Sie sind offensichtlich sehr mit sich und ihren Rollen beschäftigt. Zwei von ihnen blicken sogar in eine völlig andere Richtung. Für mich ist auch das ein Symbol falscher Männlichkeit: Männer, die ganz gefangen sind in ihrer Macht, ihrer Rolle, ihrem Status, ihrem Titel. Das Bild ist eindeutig kirchenkritisch. Die Kirche bewundert sich selbst anstatt das große Geheimnis der Trinität anzubeten. Ein einziger Bischof blickt zusammen mit Maria auf den dreieinigen Gott. Sie hält mit einer Hand ihr Gewand hoch. Mit der anderen Hand hält sie die Männer zurück. Natürlich könnte der Maler mit der Rolle Marias in der Mitte ihre Schutz- und Mittlerfunktion gemeint haben. Dann wäre Maria diejenige, die zusätzlich zu Jesus die Menschheit vor dem Zorn des Vaters abschirmen müßte. Aber ich deute das Bild anders. Für mich hält sie die Männer auf Abstand, als wollte sie ihnen sagen: „Jungs, dazu seid ihr noch nicht reif genug. Das versteht ihr noch nicht. Ihr seid noch so in euch selbst verstrickt. Das Geheimnis der Trinität ist noch nichts für euch.“ Maria, als Repräsentantin der glaubenden Kirche schützt das Geheimnis des Glaubens vor dem Zugriff einer nur mit sich selbst beschäftigten Institution. Auch die Kirche macht allzuoft die Spiele mit, die sich Menschen (speziell Männer) ausdenken, um die geistliche Reise nach innen, die Reise der Liebe, nicht antreten zu müssen.

Der mißbrauchte Gott

Menschen, die den Vater als distanziert erleben und meinen, er wolle sie entweder nur bestrafen oder interessiere sich überhaupt nicht für sie, geraten in ein Soll-und-Haben-System, in eine Art Verdienst- und Verlusthandel mit Gott.

Das geschieht in allen christlichen Konfessionen auf je spezifische Weise. Menschen versuchen, es Gott recht zu machen. Im Katholizismus äußert sich das als Gesetzlichkeit bis hin zum Versuch, per Ablaß die Rechnung mit Gott zu begleichen. Speziell im amerikanischen Protestantismus nimmt das die Form des Fundamentalismus an. Beides sind Versuche, ein ausgeklügeltes System von Denkschemen oder Gesetzen zu entwickeln, das totsicher ist und keine Lücken hat. Auf diese Weise weiß man immer genau, auf welchem Grund man steht. Man schafft ein paar Dogmen, gründet sein ganzes Christsein auf diese „richtigen" Sätze und weiß, daß man selbst auf der richtigen Seite ist. Wer wirklich Gemeinschaft mit dem Vater hat, muß sich nicht solche lächerlichen Absicherungen schaffen. Wer eins ist mit dem Vater, kann bei ihm ausruhen und hat sogar die Freiheit, Fehler zu machen. Wer diese Geborgenheit nicht in sich findet, ist oft zu großen Anstrengungen und zum ständigen Konkurrenzkampf mit anderen verdammt.
Eine andere verbreitete Methode besteht darin, Gott sozusagen zu domestizieren. Der Vater ist so weit weg und fordert so viel von mir. Weil es für mich zu anstrengend ist, mich auf seine Welt einzulassen, presse ich ihn in meine. Das westliche Christentum von heute hat tausend verschiedene Methoden gefunden, um Gott zu domestizieren. Wir reduzieren ihn auf Westentaschenformat. Statt das Kreuz zu tragen, hängen wir es uns als Amulett um den Hals. Wir tragen Jesus umher wie unser Frühstücksbrot und beißen ab, wenn wir gerade Appetit haben. In Amerika kann man ständig Phrasen hören wie: „Mein Jesus!" oder: „Jesus löst alle Probleme" oder „Jesus heilt alle meine Wunden". Gott wird zum Wohlfühldoktor. Er wird zum verfügbaren Eigentum – wie alles in einer Konsumgesellschaft. Das ist ein Christentum ohne das Kreuz. Das Kreuz Jesu sagt uns, daß wir dazu berufen sind, in seiner Nachfolge unser Leben loszulassen und hinzugeben. Statt dessen schaffen wir uns einen Gott, der permanent

unsere Bedürfnisse befriedigen soll. Moderne amerikanische Fernsehprediger versprechen ihrer Zuschauergemeinde Gesundheit, Glück, Geld und ein großes Auto – alles durch Jesus. Das Christentum wird zum Cadillac-Glauben, zum Amerikanismus unter Mißbrauch des Namens Jesu. Heute ist das die verbreitetste Form des „Christentums" in Amerika geworden.
Das zweite Gebot habe ich lange Zeit nicht verstanden. Wieso ist es so schrecklich, wenn man den Namen Gottes leichtfertig gebraucht? Ist es so schlimm, wenn man einmal „Mein Gott!" oder „Um Gottes willen" sagt? Ich bin kein Freund blasphemischer Reden, habe aber nie verstanden, daß diese Sache es verdient hätte, sozusagen das zweitwichtigste Gebot zu sein. *Clarence Jordan,* ein baptistischer Schriftausleger, hat eine Erklärung, die mir vor einiger Zeit untergekommen ist. Mich hat selten eine Schriftinterpretation so unmittelbar getroffen und mir so eingeleuchtet. Den Namen des Herrn mißbrauchen, sagt Jordan, bedeutet nicht in erster Linie, diesen Namen unnütz auszusprechen. Es bedeutet vielmehr, Gott und Religion als Vorwand zu benutzen, eigene Interessen – wie immer sie aussehen – zu rechtfertigen. Das ist der Mißbrauch des Namens Gottes. „Name" bedeutet im altertümlichen Denken die ganze Person. Mißbrauch des Namens ist Mißbrauch der Person. Es ist großartig, wenn man Gott auf seiner Seite hat. Im Ersten Weltkrieg stand auf den Koppelschlössern der Deutschen „Gott mit uns". Auf die amerikanischen Dollarnoten ist aufgedruckt „Auf Gott vertrauen wir". Gott muß für die Republikaner herhalten und für die Demokraten. Gott segnet die Waffen beider Seiten, weil beide für die „gerechte Sache" kämpfen. Menschen, die in wirklicher Verbindung zu Gott stehen, mißbrauchen ihn nicht mehr. Sie können darauf verzichten, Gott zu zähmen. Sie können sich vielmehr darauf einlassen, von Gott zu größerer Tiefe und Reife und zu neuen Ufern geführt zu werden. Auch das ist Mangel an Männlichkeit,

wenn ein Mann Angst davor hat, Gott wirklich stark sein zu lassen. Ein Wilder Mann kann Gottes Stärke aushalten.

Mangelfolgen

Männer ohne hinreichenden Zugang zu ihrer eigenen männlichen Energie haben ein überzogenes Bedürfnis nach Bestätigung von außen. Sie wollen ständig gestreichelt werden. Und wenn sie niemand anders streichelt, dann streicheln sie sich selbst.

Die meisten von uns tun sich schwer mit einem geistlichen Wachstumsprozeß. Wir wünschen uns geistliche Grunderfahrungen und -erlebnisse, die uns begeistern und Geborgenheit vermitteln. Das geschieht oftmals in der sogenannten „charismatischen Bewegung". Menschen wollen permanent angeturned sein von Jesus, ständig in religiöser Hochstimmung. Zu Beginn eines geistlichen Lebens sind solche Erfahrungen gut, vielleicht sogar notwendig. Aber irgendwann wird das langweilig, leblos und flach. Es wiederholt sich. Jetzt gilt es, aufzubrechen und sich auf die geistliche Wanderung oder Reise zu machen. Viele religiöse Bewegungen scheitern an diesem Punkt. Sie wollen das erste Stadium ewig festhalten. Anfang der 70er Jahre habe ich größte Hoffnungen auf die charismatische Bewegung gesetzt. Aber heute ist diese Bewegung größtenteils eng und sektiererisch geworden. Die Bewegung hat keinen zweiten Schritt gewagt und nie die Frage beantwortet, wie das Christsein konkret aussehen soll – außerhalb großer Gebetsveranstaltungen. Besteht der Sinn des Lebens darin, Gebetsveranstaltungen abzuhalten? Das ist „falsche Weiblichkeit", wenn man nur herumsitzt und dafür sorgt, daß sich jedermann wohl fühlt. Aber wann kommt schließlich Hingabe und Dienst an anderen? Wann kommt soziales Engagement? Wann beginnen wir, dem Evangelium zu gehorchen und unser Leben für die Nöte der Welt einzusetzen? Die meisten charismatischen Gruppen weigern sich beharrlich, diesen Schritt zu vollziehen. Oft begründen sie das auch noch ideologisch: Erst wenn das ganze Land erweckt ist und den ersten Schritt gemacht hat, kann der zweite Schritt folgen. In Wirklichkeit sind die meisten charismatischen Gruppen längst stock-konservativ geworden. Sie wollen sich mit dem Schmutz der sozialen und politischen Fragen gar nicht herumschlagen. „Wenn wir alle selbst geheilt sind, dann werden wir aufbrechen und den Armen helfen." Ich gehe jede Wette ein: Diese Leute werden niemals den Schritt zu den Armen hin machen. Sie werden auch nie wirklich geheilt werden, weil sie gar nicht begreifen, was Heilung ist und wie sie geschieht. Man entdeckt, was von Gott kommt, indem man beginnt, anderen das zu geben, was man eigentlich gar nicht hat. Indem man das tut, entdeckt man, wie einen Gott begabt und den eigenen Mangel ausgleicht. Nur indem wir etwas wagen, etwas einsetzen, von dem wir zuvor nicht wissen, daß wir es haben, entdecken wir die Energie und Kraft von innen.

Wenn wir der männlichen Energie nicht vertrauen können, die uns vorwärts treibt, dann geraten wir in diese Selbstbefriedigungs-Frömmigkeit.

Männer mit mangelnder männlicher Energie sind unfähig, wirklich zu führen, weil sie sich selbst nicht vertrauen können. Nur wer sich selbst vertraut, kann andere dazu motivieren, sich ihm anzuvertrauen.

Manche Männer müssen sich ihre fehlende Stärke dadurch beweisen, daß sie ständig Eroberungen machen müssen, sei es im Bereich der Sexualität oder – noch öfter – im Geschäfts- und Berufsleben. Was passiert mit diesen Männern, wenn sie es schließlich geschafft haben und ganz oben sind? Und wenn sie entdecken, daß dort oben gar nichts ist? Das muß ein schrecklich einsamer Ort sein. Ganz oben – und ohne Vater, der einen bestätigt. Da wird das Ganze zur göttlichen Komödie. Es bleibt ihnen nichts übrig, als noch mehr Geld zu machen, immer mehr und mehr. Jesus sagt darüber im Evangelium vom reichen Kornbauern: „Du Narr! Heute Nacht wird man deine Seele von dir fordern. Wem soll dann das gehören, was du angesammelt hast?“ (Lk. 12,20). Geldverdienen ist eine der Möglichkeiten in unserer Gesellschaft, nach außen hin zu vertuschen, wie arm und klein man innerlich ist.

Egoismus und Selbstmitleid sind andere Folgen mangelnder Männlichkeit. Das kann ein schreckliches Spiel mit eigenen und fremden Gefühlen werden. So ein Mann ist nicht greifbar. Da ist nichts, was man wirklich fassen kann. Er legt nie die Karten auf den Tisch. Männer bewundern an anderen Männern, wenn sie geradeheraus sagen, was sie denken – selbst wenn man unterschiedlicher Meinung ist. Es ist sehr schwer, einen anderen Mann zu achten, bei dem man nicht weiß, woran man ist. Das ist, wie wenn sich Halbwüchsige beim Flirten versuchen. Man hat nicht das Gefühl, mit Männern zu reden, sondern mit Backfischen. Mit solchen Männern möchte ich nicht befreundet sein. Das wäre mir zu klebrig, zu unklar. Da fehlt mir lebendige männliche Energie.

Mut zum Streß!

Schließlich ist es wichtig, daß wir nicht nur Lebens-Energie haben, sondern auch *wissen,* daß wir sie haben. Das sind zwei Paar Stiefel. Wenn wir wissen, daß wir lebendig sind, müssen wir Schmerzen nicht andauernd abschirmen. *Ira Progoff* sagt: Menschen, die es in diesem Leben zu echter Größe gebracht haben, waren immer Menschen, die bereit waren, ein gewisses Maß an Daueranspannung, vielleicht sogar Dauerüberforderung zu akzeptieren. Wir haben in den letzten Jahren jede Form von Streß diskreditiert. Wir bieten Programme und Selbsthilfebücher darüber an, wie man ohne Streß durchs Leben kommt. Und natürlich gibt es Streß, der zerstörerisch ist. Aber *kein* Streß ist es erst recht. Menschen, die sich ständig entspannen müssen und am Ende noch Erholung von ihrer Erholung brauchen, werden es kaum zu menschlicher Größe bringen. Es gibt eine direkte Beziehung zwischen dem Maß an Kreativität und dem Maß an Streß im Leben eines Menschen. Deshalb muß man sich ein gewisses Maß an Streß zumuten. Viele Christen, die sich engagieren, haben eine fast paranoide Angst davor, ausgelaugt zu werden von ihrem Dienst. Sie meinen, nur das, was locker und ohne jede Anstrengung geht, sei „geistlich".

Natürlich kann es passieren, daß eine Gruppe zu aktivistisch ist und man dann nur noch von Termin zu Termin hetzt. Über die Entwicklung meiner eigenen Gemeinschaft in dieser Beziehung bin ich sehr glücklich. Unsere Gemeinschaft engagiert sich heute stärker, intensiver und in mehr Bereichen als je zuvor. Aber noch nie ist bei uns so wenig von Streß und Überforderung geredet worden. Zur Zeit erlebe ich das als eine gute Balance. Aber es gab eine Zeit bei uns, wo unsere gesamte Energie nach innen gegangen ist. Damals haben wir uns ausschließlich mit uns selber beschäftigt, Wohngemeinschaften gegründet, miteinander geredet über unsere Gefühle, füreinander gebetet. Aber damals gab es kaum jemanden, der nicht „gestreßt" war. Heute, wo unser Blick viel mehr nach außen gerichtet ist als damals, ist Streß merkwürdigerweise kein Problem mehr. Zu viel Energie, die eine Gruppe auf sich selbst richtet, kann zur Implosion führen. Dadurch entstehen Dauerprobleme, die schließlich nicht mehr lösbar sind. Es wird immer noch etwas geben, was in mir oder in meiner Gruppe erst geheilt und bearbeitet werden muß. Aber da draußen wartet die Welt auf uns, um von dem, was wir bereits haben, zu profitieren.

Männerbefreiung unterscheidet sich von Frauenbefreiung. Unsere Schwestern bekämpfen zu Recht den männlichen Chauvinismus in einer pseudo-patriarchalischen Kultur, die seit ewigen Zeiten auf Kosten der Frauen funktioniert hat. Wir Männer haben das nicht bemerkt, weil wir oben waren und die Macht hatten. Wir waren die Nutznießer des Systems.

Die Form von Unterdrückung, von der *wir* befreit werden müssen, ist folgende: Wir müssen uns von all den falschen Bildern und Erwartungen befreien, die uns die Gesellschaft aufgezwungen hat und die wir internalisiert haben. Wir müssen uns weigern, Erfolg, Konkurrenzkampf, falsche Härte und Stärke als „Männlichkeit" zu akzeptieren. Schon kleine Jungen üben dieses Gehabe ein. Die meisten von uns sind weder hochintelligent, noch große Sportasse noch von berauschender Schönheit. Die meisten von uns sind irgendwo in der Mitte. Schon in meiner Schulzeit in einem katholischen Knabeninternat habe ich erlebt, wie schwierig es für die meisten Jungen ist, sich mit dieser Tatsache abzufinden. Wenn man nicht in der Schülermitverwaltung war und auch kein Star in der Schulmannschaft, dann fühlte man sich minderwertig. Dann mußte man sich in der Klasse aufführen, um zumindest als Klassenclown Erfolg zu haben, oder man wurde Mitglied der Schulband. Das war allerdings ein niedrigerer Status als der der Fußballhelden. Und das in einer franziskanischen Klosterschule! Unser Wertesystem unterschied sich letztlich in nichts von dem System der „Welt". Wir hatten dieselben Belohnungs-Systeme.

Wir müssen, um befreit zu werden, die falschen Werte erkennen, die uns die Gesellschaft ständig eingeredet hat – und ihnen etwas anderes entgegensetzen. Die westliche Kultur hat uns falsche Definitionen von Erfolg und falsche Kriterien für Männlichkeit beschert. Vielleicht ist die Befreiung davon sogar schwieriger als die Befreiung der Frauen. Deshalb sind wir den Frauen so hinterher. Ich kenne eine Unmenge von Frauen, die sich wirklich emanzipiert und ihre „Reise ins Männliche“ gemacht haben. Aber nur sehr wenige Männer sind ernsthaft zumindest auf der ersten Reise. Männer müssen erleben, daß ihre Frauen in vielerlei Hinsicht eigentlich stärker sind als sie. Sie sind praktischer, kreativer, patenter. So wird die Frau „androgyn“, also jemand, der das Männliche und das Weibliche in sich vereinigt. Wir stehen daneben und bringen höchstens Geld nach Hause. Das, was wir eine patriarchalische Gesellschaft nennen, wird auf vielen Ebenen immer mehr von Frauen bestimmt. Die Frauen schieben uns zwar noch immer vor und geben uns das Gefühl der Macht. Aber oftmals sind sie es, die insgeheim die Zügel in der Hand halten.

Meine erste Stelle als Diakon hatte ich vor 15 Jahren bei einem Indianerstamm in New Mexiko. Ich wurde vorgewarnt: Dieser Stamm sei matriarchalisch strukturiert. Dort sei alles ganz anders. Dort hätten die Frauen die Hosen an. Nach ein paar Wochen Erfahrungen mit diesem Stamm wurde mir klar, daß sich dieser Stamm in nichts von dem unterschied, was ich bei mir zu Hause erlebt hatte. Der einzige Unterschied bestand darin, daß sie ehrlich genug waren zuzugeben, daß die Frauen die Macht hatten. In unserer Gesellschaft findet da eine Art Verstellungsspiel statt. Die Frauen und viele Stimmen unserer Gesellschaft sagen: Die Männer bestimmen alles, die Männer führen, die Männer haben die Macht. Aber wie viele von uns kommen – wie die Japaner – heim und übergeben ihrer Frau die Lohntüte. Sie fällt dann den größten Teil der ökonomischen Entscheidungen. Ich finde das nicht schlecht. Es ist nur nicht alles so, wie es oberflächlich betrachtet aussieht. Viele von uns haben sich von der Kultur, in der wir leben, kastrieren lassen. Das liegt nicht an den Frauen, sondern wiederum daran, daß uns niemand echte Männlichkeit beigebracht hat.

Vierte Rede

DER GROSS-VATER

DER GROSS-VATER

Das Endziel bei unserer Entdeckung männlicher Energie besteht darin, daß wir Groß-Väter werden. Groß-Vater-Energie ist still und ruht in sich selbst. Sie ist durchs Leben geläutert und muß sich daher nicht mehr selbst beweisen. Deshalb fühlen sich Kinder oft so wohl in der Gegenwart ihrer Großeltern. Papa und Mama sind in ständiger Unruhe, rastlos unterwegs, selbst noch unfertig. Gute Großeltern haben die Freiheit, einfach dazusein. Und manchmal hat das Enkelkind das Gefühl: sie sind *nur* für mich da. Sie können mich in ihre Welt aufnehmen, in der auch ich Ruhe, Sicherheit und Frieden finde.

Vertrauen zum Leben

Groß-Vater-Energie ist ein tiefes Vertrauen zum Leben. Paradoxerweise entsteht diese Nähe zum Leben durch die Nähe des Todes. An diesen Punkt tiefen Vertrauens kommt man nicht über Nacht. Das erfordert ein langes Zusammenspiel von Zeit, Reflexion, Gebet und Erfahrung. Das wichtigste dabei ist die Zeit. Mit zwanzig kann man noch kein weiser Großvater sein. Das ist nicht nur biologisch unmöglich, sondern auch seelisch und geistlich. Diese weise Ruhe kann sich erst einstellen, nachdem ein Mensch die Höhen und Tiefen des Lebens gesehen und selbst durchlebt und durchlitten hat. Erst dann kann er loslassen und die Wirklichkeit so zulassen, wie sie ist. Der Weise versucht nicht mehr, die Wirklichkeit in den Griff zu bekommen und zu verändern. Der Weise vertraut der Realität. Was ist Vertrauen? Das Ziel unserer Reise ist es, dem Leben zu vertrauen. Oft definieren wir Vertrauen zu naiv. Echtes Vertrauen ist kein Mangel an Urteilskraft – es ist im Gegenteil ein Urteil über die Wirklichkeit. Vertrauen ist die Fähigkeit, Leben und Tod voneinander zu unterscheiden. Wer Leben und Tod unterscheiden kann, der kann beide annehmen. Es leuchtet ein, daß man dem Leben vertrauen kann, wenn man es entdeckt hat. Aber das gilt auch für den Tod. Sobald man ihn erkannt und mit Namen genannt hat, verliert er den Schrecken.

Mißtrauen entspringt aus der Unfähigkeit, die Wirklichkeit klar zu erfassen. Dem Tod vertrauen heißt, anzunehmen, daß er existiert und zum Leben gehört. Die Annahme des Todes ist das Tor zum Leben. Das Geheimnis von Kreuz und Auferstehung ist das Geheimnis des Vertrauens. Weil Jesus dem Leben vertrauen konnte, konnte er sein Leben hingeben. Der Psalmist betet: „Lehre uns bedenken, daß wir sterben müssen, damit wir klug werden." Mit „Tod" meine ich nicht nur den physischen Tod, sondern all die kleinen Tode, die wir sterben müssen. Jeder Verlust, jeder Abschied ist eine Einübung ins Sterben. Wer dem Tod ins Auge sehen kann, wer ihn als solchen erkennen kann, der ist fähig, ein „heiliges Nein" zu sprechen. Als Jesus gestorben ist und seinen eigenen Tod angenommen hat, war gerade das ein heiliges Nein zum Tod und ein Ja zum Leben.

Vertrauen ist keine besondere Tugend, Vertrauen ist auch kein Glaubenssprung ins Leere, sondern ein Erkennen und Unterscheiden von Leben und Tod. Jede einzelne Situation, in die wir als Menschen geraten, ist eine Mischung von beidem. Es gibt auf dieser Erde weder das Leben noch den Tod in Reinkultur. Jeder Mensch ist eine Mischung von Leben und Tod, von Licht und Finsternis, von Sünde und Gnade. Alles, was wir tun, enthält etwas Lebendiges, hat aber zugleich auch Anteile von Angst, Abgrenzung und Haß. Es geht darum, daß wir akzeptieren, daß es nichts Vollkommenes gibt auf dieser Welt. Jesus sagt einmal: „Gott allein ist gut." (Mk 10,18) Es gibt keine vollkommene Kirche, keine

vollkommene Ehefrau, keine vollkommenen Kinder, keine vollkommene Wohngegend, kein vollkommenes Staatswesen. Ich bin unvollkommen und alle meine Taten sind und bleiben unvollkommen. Wir brauchen Mut und vor allem De-Mut, um das schließlich zu akzeptieren. Das nenne ich großväterliche Weisheit. Diesen Mut und diese Demut kann man nur durch Gottes Gnade und nur im Laufe der Zeit erwerben.
Im positiven Sinne bedeutet Vertrauen, voll und ganz auf eine Person oder ein Ereignis bezogen zu sein. Das heißt gerade nicht, daß man alles, was diese Person tut, naiv gutheißt. Aber es bedeutet, daß man mit dieser Person ausharrt und aushält, wo sie gerade steht. Vertrauen ist die Bereitschaft, *mit* dem anderen auch das Negative durchzustehen. Entscheidend ist das Wörtchen „mit".

Solidarität

Johannes Paul II. sagt in seiner Enzyklika „Laborem exercens" etwas sehr Gutes: Der beste Ausdruck für das, was mit „Agape", christlicher Liebe, gemeint ist, sei das moderne Wort „Solidarität". Solidarität ist viel mehr als nur nett zu sein und dem anderen wohlwollend auf die Schulter zu klopfen. Solidarität bedeutet, dem anderen bei-zustehen, bei ihm zu stehen, nicht auszuweichen, mitten drin zu sein in seiner Schwachheit, Gebrechlichkeit, Hinfälligkeit und Armut. Solidarität mit fremdem Leid bedeutet: Ich habe keine Lösung, aber ich lasse mich *mit* dem anderen führen, wo immer es hinführt. Die Solidarität Jesu hat ihn ans Kreuz gebracht. Das ist Liebe. Keiner von uns wird sich freiwillig kreuzigen lassen. „Bekehrung" ereignet sich nicht freiwillig. Sie ereignet sich, wenn ich mich den Umständen stelle, ohne zu fliehen. Bekehrung ereignet sich dann trotz meiner Widerstände und Ängste.

Gott verführt mich gleichsam Schritt für Schritt zur Solidarität mit meinen eigenen Behauptungen und Werten. Das ist der Vorteil, wenn man öffentlich predigt. Ich sage so große Dinge! Wenn ich auch nur ein bißchen Ehrgefühl im Leibe habe, dann muß ich immer mehr versuchen, das zu leben, was ich sage – schon um mich nicht lächerlich zu machen. *Luther* sagt einmal „Predige, bis du glaubst – und dann predige, weil du glaubst!"

Ähnliches gilt für ein Eheversprechen. Man hat sein Wort gegeben und etwas versprochen. Man hat sich selbst in diese Umstände begeben. Und diese selbstgewählten Umstände können uns schließlich zu dem führen, wozu wir freiwillig nie bereit wären. Hat man diese Versprechen einmal gegeben, ist man es sich schuldig, alles bis zum Äußersten zu versuchen, um solidarisch zu bleiben mit seiner Frau, mit seinen Kindern. Man ist der Liebe in die Falle gegangen – und jetzt bleibt einem gar nichts anderes übrig, als die Liebe zu lernen. Das ist eine Art heilige Selbstüberlistung. Es gibt keinen ehrenvollen Rückzug mehr. Man steht als vollkommenes Rindvieh da, wenn man nicht lernt zu lieben.

Die Welt braucht heute nichts so nötig wie diese solidarische Liebe. Das gilt nicht nur für die Familie, sondern für alle globalen Probleme. Das meinen auch die lateinamerikanische Kirche und die Theologie der Befreiung, wenn man dort von der „Option der Kirche für die Armen" spricht. Die Kirche hat sich entschieden, auf der Seite der Armen zu stehen und bei ihnen auszuharren.

In unserer Kommunität lebt zur Zeit *Fernando,* ein Flüchtling aus El Salvador. Viele haben seine Lebensgeschichte gehört. Es ist unglaublich, daß ein Mensch das überhaupt aushält, was er durchmachen mußte. Unsere Regierung erkennt Flüchtlinge aus El Salvador nicht an. Deshalb könnte es geschehen, daß er gewaltsam abgeschoben wird. Es gibt Mitglieder unserer Gemeinschaft, die sich entschlossen und verpflichtet haben, in diesem Falle folgendes zu tun: Sie würden sich mit ihm und um ihn herum in unserer Kapelle versammeln. Um ihn mitzunehmen, müßte die Polizei auch sie mitnehmen. Das ist keine ideologische Entscheidung. Es ist nichts weiter als Barmherzigkeit und Solidarität mit den Armen. Meine Kommunität wird nicht zulassen, daß Fernando in den fast sicheren Tod abgeschoben wird. Dafür wollen wir auch mit unseren Leibern einstehen. Das ist weder „links" noch „rechts", das ist überhaupt keine politische Entscheidung. Es ist einfach konkrete Liebe. Das Evangelium ruft uns auf, alles Ideologische hinter uns zu lassen. Ideologie erlaubt es uns, Menschen umzubringen, weil sie Kommunisten sind. Es ist legitim, jemanden zu töten, weil er eine andere Ideologie hat als wir. Wir sind berechtigt zum Völkermord in Mittelamerika – weil dieser kleine Campesino vielleicht eine linke Schlagseite hat. Und auch die andere Seite versteckt sich hinter ihrer Ideologie. Weil wir kapitalistisch und imperialistisch sind, können sie uns vernichten, bevor wir sie vernichten. Es ist schlimm, wenn unser Leben von irgendeiner Ideologie bestimmt wird. Das gilt auch für die Kirche. Das Christentum ist jahrhundertelang vor allem eine Ideologie gewesen, mit deren Hilfe andere unterdrückt, ermordet und ausgebeutet wurden. Falsche Männlichkeit ist ideologisch. In ihr schlummert heute das Potential, den ganzen Globus in die Luft zu jagen.

Solidarische Liebe scheut sich nicht, harte und unbequeme Fragen zu stellen, herauszufordern, zu konfrontieren, anderer Meinung zu sein. Aber sie tut das aus einer Position der Einheit. Wenn Einheit und Zusammenhalt die Voraussetzung sind und nicht ständig hinterfragt werden, dann haben wir die Freiheit, zu streiten und den Status Quo zu hinterfragen. Dann können wir die Wahrheit sagen. Wenn wir auf *solidem Grund* stehen, dann können wir *solidarisch* sein. Deshalb waren die großen Heiligen auch große Propheten. Sie hatten soliden Grund unter den Füßen und konnten es sich deshalb leisten, auch unbequeme Wahrheiten auszusprechen.

In Ehepaarseminaren gibt es eine Übung, die helfen soll, daß ein Paar lernt, „richtig“ miteinander zu streiten. Dabei halten sich die beiden Partner fest bei den Händen und sehen einander direkt in die Augen. Dann dürfen sie sich anschreien und beschimpfen, daß die Fetzen fliegen. Die einzige Regel heißt: Ihr dürft einander nicht loslassen. Das fällt besonders Männern schwer. Wenn einen der Partner verletzt hat, dann möchte man ihn wegschieben und sich abwenden. Jedenfalls will man den anderen nicht berühren und nicht ansehen müssen. Die Übung soll einem Paar helfen zu verstehen, daß die Grundlage klar ist und klar bleibt: Wir gehören zusammen. Das steht hier nicht zur Debatte. Es geht nicht um alles oder nichts. Deshalb können wir einander festhalten und uns dann den ganzen Zoo an den Kopf werfen.

Der einseitige Bund

Das ist ein gutes Bild für die Liebe Gottes zu uns. Am Anfang steht Gottes „Bund“ mit uns. Gott hat ein- für allemal „Ja“ gesagt. Die Theologen haben herausgefunden, daß dieser Bund eine einseitige Sache ist: Gott geht mit seinem Volk diesen Bund ein. Gott verpflichtet sich seinem Volk ohne Vorbedingungen. Am Anfang der 10 Gebote steht keine Forderung, sondern eine Zusage: „Ich bin der Herr, dein Gott“. Das steht fest, bevor Gott irgend etwas fordert. Weil Gott diesen Bund einseitig geschlossen hat, können wir ihn auch nicht von uns aus auflösen. Gottes Liebe ist sein einseitiges Geschenk an uns. Und er hält uns – wie in dem oben beschriebenen Streit – fest und sagt: „Ich bin bei dir“. Das ist seine väterliche Liebe, auf die ich immer wieder zurückkomme.

Diese Liebe wird ganz plastisch in der Geschichte vom „Verlorenen Sohn“ geschildert. Der Vater läßt seinen Sohn gehen. Insofern hält er ihn scheinbar nicht fest. Aber in Wirk-

Der wiedergefundene Vater (Ernst Alt)

lichkeit bleibt er die ganze Zeit bei ihm. Seine Liebe hört nicht auf, nur weil der Sohn seine eigenen Wege geht. Der Sohn mag sich abwenden. Der Vater wendet sich nicht ab. Als der Sohn am Ende nach Hause kommt, steht der Vater bereits vor der Tür, als hätte er die ganze Zeit nichts getan, als auf ihn zu warten. Er läuft ihm entgegen, er will keine Erklärungen hören, er umarmt ihn, er bedeckt ihn mit seinen Küssen.

Wenn wir das wissen, dann können wir Risiken eingehen, dann können wir mit Gott auch kämpfen, streiten und hadern. Wenn das klar ist, können wir Fehler machen, eigensinnig sein, andere Wege gehen und sogar scheitern. Das ist der Kern jener „männlichen Spiritualität", die ich ständig zu umschreiben versuche. Sie befähigt uns, Risiken einzugehen. Gott sagt uns zusammen mit Jesus: „Geh mit mir den Weg solidarischer Liebe – aber hab auch den Mut, mit mir zu scheitern." Nur ein Sohn kann sich erlauben zu scheitern. Ein Sklave kann das nicht. Deshalb betont das ganze Neue Testament immer wieder, daß wir keine Sklaven mehr sind, sondern Söhne und Töchter Gottes. Der Sohn weiß, daß am Anfang die Einheit steht – und daß diese Einheit unauflöslich ist.

Das Christentum hat immer wieder versucht, Methoden zu entwickeln, wie Menschen diese Einheit verdienen, erreichen oder machen können – anstatt diese Einheit einfach zu feiern. Vertrauen haben wir dann gelernt, wenn wir endlich aufhören können, vollkommen sein zu müssen, recht haben zu müssen, Angst zu haben vor dem Scheitern und vor Schmerz. All dies sind die falschen Götzen und die Gefängnisse einer fehlgeleiteten männlichen Psyche. Genau diese Götzen sind die Götzen des momentan herrschenden Wertesystems: Man muß etwas leisten, vollkommen sein, recht haben, Ergebnisse vorweisen. Unerlaubt sind Leiden, Schmerzen und Versagen.

Ich habe bisher noch keinen Menschen getroffen, der sich

von allen diesen Zwängen lösen konnte – es sei denn, dieser Mensch war in etwas gegründet, was tiefer reichte. Aus einer sehr tiefen Erfahrung der Einheit heraus jedoch können Menschen Groß-Väter werden, Menschen, die dem Leben vertrauen.

Vater sucht Vater

Jim Wallis, der Gründer und Pastor der Sojourners-Gemeinschaft in den Slums von Washington D. C. und ich sind seit einigen Jahren sehr eng miteinander befreundet. Wir beide haben sehr viele Gemeinsamkeiten: Wir sind etwa gleich alt und sind beide Gründer und Leiter christlicher Lebensgemeinschaften. Als wir einmal darüber redeten, sagte er zu mir: „Das schlimmste an diesem Leiter-Job ist, daß es für uns kaum Vater-Figuren gibt, bei denen *wir* uns anlehnen können. Wer sagt uns, wo es lang geht, wer ermutigt uns?" Wir beide haben das Gefühl, als ob wir die erste Generation einer neuen Art von Kirche formen müssen. Unsere Sicht von Kirche unterscheidet sich in manchem von dem, was wir selbst in unserer Jugend als „Kirche" erlebt haben. Die Rolle des Gemeindepfarrers paßt auf uns nur in sehr beschränktem Maße. Manchmal wäre es einfach erfrischend, wenn wir zu irgend jemandem gehen könnten, der uns ruhig zuhört, während wir in Panik geraten und Angst haben, jetzt kracht alles zusammen. Das müßte jemand sein, der sagen könnte: „Keine Angst, das ist ganz normal, was deine Gemeinde gerade durchmacht. Das löst sich erfahrungsgemäß nach einiger Zeit." Aber wir sind fast die einzigen in diesem Land, die versuchen, diese neue Vision von Kirche in die Praxis umzusetzen. Es gibt kaum Vorbilder. Letzthin besuchte mich der Leiter einer jungen Kommunität, die wir eine Zeitlang betreut haben. Wir haben ganze zwei Tage miteinander verbracht. Er konnte einmal all seine Ängste und Sorgen über seine Gemeinschaft loswerden, seine Selbst-

zweifel, seine Aggressionen. Man muß sich beim Aufbau einer Gemeinschaft mit so viel negativer Energie herumschlagen, die einem entgegenkommt, daß man ein dickes Fell braucht oder sehr stark sein muß, um das zu ertragen. Die Kritik von außen und der Selbstzweifel von innen können einen ungeheuer mürbe machen. Den meisten Männern, die Leiter- oder Vaterrollen haben, fehlt der Groß-Vater, der sagt: „Keine Angst! Das wird werden. Ich weiß das." Mehr als das braucht es oft gar nicht. Aber das fehlt. Vielleicht hat deshalb die kirchliche Hierarchie so lange unangefochten funktioniert. Priester tun alles, damit ihnen der Bischof auf die Schulter klopft. Und der Bischof tut alles, damit ihm der Papst auf die Schulter klopft. Männer mögen solche Systeme, wo klar ist, bei wem man sich Anerkennung holen kann. Vielleicht könnte man fragen: „Ist das wirklich nötig?" Ich glaube, es ist nötig. Weil aber so wenig echtes väterliches Verstehen da war, sind Männer gezwungen worden zu katzbuckeln, um wenigstens nicht negativ aufzufallen. Wir sind *nett*, weil uns keiner den Rücken wirklich stärkt und dadurch fähig macht, *gut* zu sein. Wir bräuchten den Schutzraum echter Autorität über uns, um uns risikofreudiger auf unbegangenes Territorium vorzuwagen.
Ich hatte das Glück, einen guten, schlichten Vater zu haben, der mir immer vertraut hat. Sonst könnte ich all dies vielleicht nicht sagen. Er hat keine Schulbildung, aber er hört sich meine Vorträge an. Neulich hat er zugehört, wie ich in Kalifornien über den „wilden Mann" geredet habe. Er saß da, und ich konnte sehen, daß er nicht verstand, was ich meinte. Aber er wußte, es war gut, weil ich es sagte. Das konnte ich spüren. Er bewundert mich, er achtet mich, er ist stolz auf mich. Schon als ich dreizehn war, hat er mich nie gefragt, was ich mache und wo ich hingehe. Er wußte, daß ich verantwortlich handeln würde. Insofern habe ich vielleicht einiges von seinem Vertrauen verdient. Aber ich glaube, zuerst kam sein Vertrauen. Das war mein Vorschuß.

Und ich tat alles, um dieses Vertrauen zu rechtfertigen. Sein Verständnis und Vertrauen halfen mehr als sture Gebote.

Knabe und Greis

Jeder Mann trägt in sich zwei ganz einfache archetypische Bilder. Das Bild des Jungen und das Bild des Alten. Eines der beiden Bilder pflegt zu dominieren. Das Ideal wäre es, wenn die beiden miteinander Freundschaft schließen würden. Es kann passieren, daß sich der Kreis am Ende schließt. Aus dem kleinen Jungen wird ein alter Junge, Senilität hat etwas Knabenhaftes. Ich versuche, die beiden Bilder näher zu beschreiben. In der Regel ziehen wir eines dieser Bilder dem anderen innerlich vor. Ich beispielsweise war nie ein richtiger Junge, ich habe mich schon sehr früh mit dem weisen Alten identifiziert. Deshalb bin ich wahrscheinlich Priester geworden. Schon in der Schulzeit holten sich meine Klassenkameraden Rat bei mir. Ich war immer etwas reifer. Mit Sport hatte ich wenig am Hut. Das erschien mir als zu oberflächlich, nicht ernsthaft genug. Alles, was ich tat, mußte sehr sinnvoll sein und Tiefgang haben.

Jetzt, mit 41, ist mir klar geworden, daß ich die andere Seite in mir sträflich vernachlässigt habe. Ich bin erfolgreich gewesen, bin durch die ganze Welt gereist, war immer am Ball, immer verantwortlich für irgend jemanden oder irgend etwas. Ich spüre, daß ich dieses ganze Spiel jetzt unterbrechen muß. Das alles war schön und gut, aber eine andere Seite in mir ist völlig unterentwickelt. Deshalb möchte ich jetzt ein Sabbatjahr nehmen, alle Verantwortung ablegen, in ein kontemplatives Kloster gehen, Sport treiben, Gartenarbeit machen. Keiner braucht mich, ich bin unwichtig, ich werde keine einzige Rede halten – ich weiß noch nicht, wie ich damit zurechtkomme. Denn ich kenne den kleinen Jungen in mir noch nicht. Aber ich will herausfinden, wie das für mich ist: einfach das Leben zu genießen, Unsinn zu machen, auszuruhen. Mir fällt es schwer, rumzublödeln oder einfach zu spielen. Ich kann auch schlecht Witze machen. Das finde ich schade. Ich bewundere Leute, die witzig sind und andere zum Lachen bringen. Denn mir fehlt da etwas. Der Greis bewundert den Knaben. Denn der Junge hat etwas, was ihm fehlt – und umgekehrt.

Im Film „Amadeus" von *Miles Foreman* kann man sehen, was herauskommt, wenn der Ältere nur verbittert und neidisch auf den Jungen schauen kann. Der mittelmäßige Mann Salieri gönnt dem aufgedrehten, unbefangenen und genialen Wunderkind Mozart das Genie nicht. Er verflucht Gott und vergiftet den Jungen – ob das historisch richtig ist oder nicht. Und Amadeus macht sich einen Spaß daraus, den Alten zu ärgern.

Der *weise* Alte und der echte Junge können Freundschaft schließen miteinander.

Poetisch ausgedrückt: Der Knabe läßt die Blüten treiben. Der Greis bringt die Ernte ein. Der Junge hofft und erwartet, ist optimistisch: das Beste kommt noch. Was immer „es" ist: „Es" kommt erst noch. Erst vor ein paar Jahren ist mir ganz plötzlich klar geworden, daß der größte Teil meines Lebens schon hinter mir liegt. Die Menschen, die für mein Leben wichtig sind und mit denen mich tiefe Liebe verbinden kann, habe ich wahrscheinlich schon getroffen. Eines Tages in meinen späten 30er Jahren habe ich die Grenze überschritten. Seither weiß ich: Das Wichtigste liegt nicht mehr *vor* mir, sondern bereits *hinter* mir – und damit *in* mir. Der Knabe erwartet, der Alte weiß, bewahrt und liebt. Der Knabe ist auf Überraschungen gefaßt, offen für Neues. Wenn ich in meine Kinderheimat zurückfahre, kommt mir all das so klein und unbedeutend vor. Damals war das eine gewaltige, geheimnisvolle Welt. Alles wartete darauf, entdeckt zu werden. Nach all meinen Weltreisen ist diese Welt von damals zusammengeschrumpft. Ich kann nicht mehr staunen. Das ist schade. Ich möchte diese Fähigkeit nicht ganz verlieren.

Vielleicht hilft mir mein kontemplatives Jahr dabei. Der Greis ist nicht mehr so leicht zu überraschen. Er kennt das Leben. Er weiß, wie man mit den meisten Konflikten zu Rande kommt. Der Preis dafür ist hoch. Man ist nicht mehr so leicht zu begeistern. Es gibt nichts Neues mehr unter der Sonne.

Der Knabe ist naiv und leichtgläubig. Der Alte ist wissend und verläßlich. Die Gefahr dabei ist, daß er rigide und zu selbstsicher wird, daß er schon immer alles im voraus weiß. Ein momentaner Bestseller ist das *Peter-Pan-Syndrom*. Es handelt davon, daß sich viele Männer weigern, erwachsen zu werden. Sie wollen ewig der kleine Junge bleiben. Oder der „Kleine Prinz" von Saint Exupery! Dieselbe Geschichte vom ewigen Kind im Mann. Irgendwie bewundern wir seine Kindlichkeit. Aber er ist unfähig, Verantwortung zu übernehmen.

Der Junge möchte getragen werden. Der Vater und der Großvater sind bereit zu tragen. Der Junge hat dem Alten gegenüber keinen Schatten. Damit meine ich: Der Vater ist ein „Schatten-Schlucker". Ich möchte das anhand eines Erlebnisses erklären, das ich neulich hatte. Ein Mann im mittleren Alter kam zu mir, um sich auszusprechen. Er fühlte sich als Versager. Seine Freundin war unzufrieden mit ihm, seine Freunde hatten ständig etwas an ihm auszusetzen. Er hatte das Gefühl, daß vieles an ihm abstoßend war und er oft andere Menschen verletzte. Meine erste Reaktion war Erstaunen. Ich kenne den Mann seit vielen Jahren. Und mir war keine dieser Eigenschaften jemals aufgefallen. Deshalb sagte ich zu ihm: „Du sagst, du bist manipulativ, du bist negativ – ich kann das an dir gar nicht entdecken." Und er antwortete: „Ja, wenn ich mit dir zusammen bin, dann sind meine Schattenseiten wie weggeblasen. Ich glaube, ich gebe *nur dir* das Recht, mich von meinen Stimmungen, Ängsten und negativen Zügen zu befreien." Aber die Liebe eines Vaters zeigt sich darin, daß sie meinen Schatten unnötig macht.

Ich bin frei, ich selbst zu sein. Als dieser Mann sehr jung war, war ich für ihn eine Art geistlicher Vater gewesen. Zum Schluß sagte ich zu ihm: „Umgekehrt ist es. Nur *weil* du mich so sehr liebst und achtest, kann ich für dich Vater sein." In Wirklichkeit ist die Vater-Sohn-Beziehung auch ein Geben und Nehmen. In der Beziehung zwischen Gott dem Vater und Jesus kommt das vollkommen zum Ausdruck.

Als ich in Nepal war, um für die dortigen Jesuiten Einkehrtage zu halten, wollten sie mir etwas Gutes tun. Sie wollten mir einen Flug über den Himalaja spendieren. Das hätte mir zwar auch sehr gefallen, aber ich hatte beim Anflug auf Nepal schon einiges vom Gebirge gesehen. Deshalb bat ich die Jesuiten: „Noch schöner wäre es für mich, wenn ich einmal mit einem waschechten Guru zusammentreffen könnte." Also organisierten sie eine Begegnung zwischen mir und einem berühmten Guru, der am Stadtrand von Kadmandu lebte. Ich wollte zu Fuß hingehen und das Ganze sozusagen als Mini-Pilgerreise betrachten. Schon vorher sagten sie mir, es handle sich um einen echten Weisen. Das war auch so. Ich habe mir jede Menge von Notizen gemacht über unser Gespräch. Mir fiel auf, daß hinter ihm ein Bild hing, auf dem *sein* Guru abgelichtet war. Das war sein geistlicher Vater gewesen. Sobald er über ihn sprach, begannen seine Augen zu leuchten. Er erklärte mir, daß diese Beziehung von Guru und Schüler der Grundpfeiler der geistlichen Tradition des Hinduismus sei. Er erklärte mir auch die Begrüßungszeremonie zwischen Meister und Schüler. Der Schüler wirft sich vor dem Guru auf den Boden und spricht: „Möge ich vor dir so demütig sein, mein geistlicher Vater, daß selbst der Staub mich erschlagen kann." Das ist etwas, was uns nur schwer zugänglich ist. Mir geht es aber um die grenzenlose Vertrauensbeziehung zwischen beiden. Aus diesem Vertrauen erwächst ungeheuere Kraft und Energie, speziell männliche Energie. In unserer Kultur gibt es nichts Vergleichbares, es wäre wohl so auch nicht kopierbar für uns. Aber gerade

Der alte Weise

deshalb müssen wir nach Wegen suchen, wie wir bei uns einander helfen, unsere Seele zu finden, an uns zu glauben. Gibt es jemanden, der meinen Schatten „schlucken" kann? Gibt es jemanden, in dessen Gegenwart ich völlig geborgen und sicher bin? Vielleicht ist es für viele die Partnerin. Aber ich frage mich, ob sie reicht für die zweite Reise. Frauen vermögen viel. Aber ich glaube nicht, daß sie unsere Lehrer sein können, wenn es darum geht, daß wir ganze Männer, wilde Männer werden. Dafür brauchen wir den Vater – wie Jesus den Vater gebraucht hat. Da es nicht allzu viele menschliche Väter gibt, die genug Selbstvertrauen haben, um es weiterzugeben an ihre Söhne, müssen wir uns auf den Weg machen zu Gott, dem Vater.

Der Junge will Liebe nehmen, der Vater will Liebe geben. Der Junge ist gewissermaßen der Verwundete. Unsere größten Gaben sind die positiven Seiten unserer Verwundungen. Deshalb dürfen wir unseren Wunden nicht ausweichen. *Nietzsche* sagt: „Um zum Übermenschen zu werden, muß man erst seine Verwundungen lieben."

Der Sohn läßt sich verwunden, wie es im Alten Testament heißt: „Selbst wenn du mich tötest, werde ich dir vertrauen, Herr!" Diese Haltung wird am Kreuz Jesu Realität. Der Vater ist gewissermaßen der Verwunder. Männliche Liebe hat auch etwas brutales. Der Vater wirft die Adlerjungen aus dem Nest. Vaterliebe kann nicht im Bestätigen aufgehen. Sie muß herausfordern, konfrontieren und die Wahrheit sagen – immer unter der Voraussetzung, daß Einheit die Grundlage bleibt. „Ich liebe dich. Ich stehe zu dir. Du kannst machen, was du willst. Du kannst dich auf den Kopf stellen. Ich werde dir mit meinem Leben beweisen, daß ich dich liebe. Aber jetzt bin ich verdammt wütend auf dich." So sieht die Liebe des himmlischen Vaters zu uns aus. Nicht einmal die Kirche glaubt das. Deshalb endet sie meist bei irgendeinem moralistischen System.

Wenn ein Novize an die Pforte eines strengen Zen-Klosters kommt, läßt man ihn erst einmal drei Tage vor der Tür stehen. Es geht dabei um die Frage, wie sehr der Novize wirklich nach geistlichem Leben und nach Veränderung verlangt. Das ist männliche Energie vom ersten Tag an.
Als ich selbst mit 14 Jahren in die Klosterschule nach Cincinnati kam, kam ich mit dem Zug von Kansas City und mußte dann in den städtischen Bus umsteigen. Ich stand damals Todesängste aus. Das war 1957. Ich stieg mit meinen zwei Köfferchen aus dem Bus aus, keiner holte mich ab. Ganz allein mußte ich die lange Straße hinaufpilgern bis zum Kloster. Ich hatte Angst, daß ich zu dumm sein könnte, um Priester zu werden, daß sie mich sicher bald rausschmeißen würden und so weiter.
Wie hat sich das geändert! Heute rollen sie den roten Teppich aus, wenn überhaupt ein Bewerber kommt. Garantiert bezahlen sie die Anreise. Ich glaube, diese spröde Art damals hatte nicht nur schlechte Seiten. Bis zum Konzil mußte man beweisen, daß man um jeden Preis Priester werden wollte. Da ist einem keiner nachgerannt. Das hatte natürlich auch seine Schattenseiten. Aber es erforderte klare Entscheidungen.
Männliche Energie ist eine Art von Fürsorge, die sich von platter Nettigkeit unterscheidet. Christliche Liebe hat etwas an sich, was geradezu im Gegensatz zu „Nettigkeit“ steht. Die Kirche ist unfähig, einen großen Teil des Evangeliums zu verstehen, ernstzunehmen und umzusetzen. Man nehme nur die Bergpredigt. Die meisten Kirchen des Westens müssen die Bergpredigt einfach ignorieren. Sie können damit nichts anfangen. Jesus spricht viel zu eindeutig. Deshalb müssen wir seine Worte domestizieren, verwässern, uminterpretieren bis zur Harmlosigkeit, vergeistigen, mystifizieren. Sonst hieße es ja zuzugeben, daß Jesus über ganz konkrete

sozio-ökonomische und politische Verhältnisse redet. Und daß gerade diese sozialen, wirtschaftlichen und politischen Gegebenheiten eine geistliche Dimension haben. Wir haben seit über 1000 Jahren weitgehend aufgehört, als Kirche prophetisch zu sein. Wir haben das Evangelium zwar verkündigt. Aber wir haben es so interpretiert, daß nicht das Evangelium Macht über uns bekommen hat, sondern daß wir uns mit unseren Auslegungen des Evangeliums bemächtigt haben. Am Ende mußte das Evangelium sagen, was wir wollten. Das betrifft alle Konfessionen. Wir ignorieren einen Großteil dessen, was Jesus sagt und suchen uns jeweils zwei bis drei Verse heraus, die wir dann zum Schlüssel des Ganzen oder zur „Mitte der Schrift" erklären, um uns den Rest vom Leib zu halten. Ich habe zum Beispiel lange nicht verstanden, weshalb die Rolle des Täufers Johannes in den Evangelien so betont wird. Weshalb mußte er kommen, bevor Jesus kommen konnte? Jetzt glaube ich, das zu verstehen. Wenn Menschen nicht zuerst zur Umkehr gerufen werden, zur Hingabe, zur Reduktion des Egos, zum Sterben, zum Alles-oder-Nichts – dann werden wir das Evangelium bis zur Unkenntlichkeit verwässern. Johannes der Täufer muß vor Jesus kommen. Die harten Fragen müssen zuerst gestellt werden. Sonst werden die meisten religiösen Gruppen und Kirchen Zugehörigkeitssysteme, die der Selbstbefriedigung ihrer Mitglieder dienen. Diese Selbstbezogenheit läßt sich leicht mit großen Worten, Riten und mythologischem Weihrauch umnebeln. „Rette deine Seele!" rufen die fundamentalistischen Bekehrungsprediger. Wenn es uns nur um die Rettung unserer Seele geht, dann ist das eine fromme Form von Narzißmus und sonst nichts. Was soll diese Nabelschau, diese endlose Beschäftigung mit mir und mit sonst nichts und niemandem? Auch das ist Verlust von Männlichkeit. Wir sind unfähig, uns um mehr zu sorgen als um uns selbst. Gottes Liebe und Fürsorge ist global und kosmisch. An diesem weiten Herzen, das alle umfaßt, will er uns Anteil geben.

(In diesem Augenblick wird der Vortrag vom Martinshorn übertönt. Ein alter Franziskanerpater wird mit einem Herzanfall ins Krankenhaus gebracht. Pater Rohr greift den Vorfall auf:) Der Priester, der gerade ins Krankenhaus gebracht wird, Pater Laurien, war Direktor der Klosterschule, als ich dort mein erstes Jahr als Priester und Religionslehrer verbrachte. Ich bin froh, daß ich ihn heute früh besucht und mit ihm gebetet habe. Er hatte immer ein schlechtes Gewissen, weil er meinte, in seiner Zeit als Rektor habe er mich tief verletzt. Ich war damals als frischgebackener Priester ein Außenseiter an der Schule mit vielen verrückten Ideen. Ich machte alles anders, als es üblich war. Immer wieder hat sich Pater Laurien seither bei mir entschuldigt, daß er mich damals ständig kritisiert hat. Seine Demut und seine Selbstbeschuldigungen empfinde ich als übertrieben. Er meint, er habe mich sehr verletzt – viel mehr, als ich mich je von ihm verletzt gefühlt habe. Das Gute an unserer Beziehung war: Ich sagte klar, was ich wollte. Er sagte klar, daß er etwas anderes wollte. Unsere Ansichten lagen meist Welten auseinander. Aber ich konnte ihn respektieren. Denn ich wußte, daß er ehrlich war. Er versuchte nicht, mit mir zu spielen. Er ließ mich mehrmals ins Direktorat kommen: „Das erlaube ich. Das verbiete ich. Halten Sie sich gefälligst an meine Weisungen!" Ich pflegte zu protestieren. Aber ich wußte immer, wo er stand und was er wollte. Deshalb konnte ich ihn achten. Ich bin froh, daß ich heute früh mit ihm gebetet habe, denn er könnte noch heute sterben.
Das ist vielleicht „typisch männlich": Wir achten jemanden, der uns genügend achtet, um uns die Wahrheit zuzumuten. Als Männer müssen wir andere Männer nicht unbedingt umformen, bis sie uns gleichen. Frauen fühlen sich nach meiner Beobachtung oft eher bedroht von Unterschiedlichkeit. Sie streben eher nach Einheit. Wir sagen: Einheit ist wichtig – aber bitte nicht auf Kosten der Individualität. Deshalb braucht die Kirche Pluralismus, die Bereitschaft, Viel-

falt auszuhalten und nicht alles einzuebnen auf *eine* Richtung, *einen* Frömmigkeitsstil usw.

Heiligkeit

Männer brauchen ihr eigenes Revier – fast wie Hunde. Jeder hat seinen unverwechselbaren Geruch. Solange der andere Hund seine Geruchsmarkierungen auf der anderen Straßenseite anbringt, haben wir nichts dagegen. Das hat sein Gutes. Wir respektieren, daß es andere Welten gibt als unsere. Daß es nicht um ein Entweder-Oder geht, sondern um ein Sowohl-Als-auch.

Männlichkeit heißt, unterwegs sein zu Neuem. Der „Mann" muß Berge besteigen, Unbekanntes erforschen. Die Sicht des Mannes reicht immer weiter als bis zum eigenen Ich, zum eigenen Heim. Deshalb gehört in der Mythologie zum „Helden" immer die Opferbereitschaft. Heute gibt es kaum noch Filme mit Helden in der Hauptrolle. Wir finden das abgeschmackt, kitschig, sentimental. Anti-Helden haben zur Zeit bessere Konjunktur. Diese Anti-Helden vollbringen nichts mehr. Sie machen Unsinn oder sind hilflose Opfer der Umstände. Nicht einmal die Filmemacher glauben daran, daß es noch Menschen gibt, die sich heldenhaft einsetzen und Opfer bringen für etwas, was über ihre Eigeninteressen hinausgeht. „Gandhi" ist die Ausnahme. Aber Gandhi ist schon lange tot und eine Gestalt vergangener Geschichte.

Das lateinische Wort für „Opfer" ist „sacrificium". Es kommt vom Verbum „sacrum facere", was wörtlich heißt: „heiligen, heilig machen". Opferbereitschaft, die Fähigkeit, etwas aufzugeben und zu opfern ist etwas Heiliges. Die Heiligen sind Menschen, an denen wir sehen, was geschieht, wenn ein Mensch seinen Egoismus und sein Selbstinteresse opfert. Weil uns das so sehr herausfordert, hinterfragen wir die Motivationen solcher Menschen mit großem Zynismus. Wir vermuten hinter Heldentum, Opfer und Heiligkeit unlautere Motive. Wenn das nicht so wäre, dann müßten wir uns ja selbst fragen, weshalb *wir* nicht heilig sind. Es ist auch tatsächlich schwer, Menschen zu finden, die weder für Geld, noch für Macht, noch für Sex leben – sondern für die Wahrheit. Die nicht leben, um Erfolg zu haben, sondern um zu lieben und um Gottes Stimme zu folgen. Der Erfolgstrieb gehört zum „Normal-Männlichen". Tiefe Männlichkeit braucht nicht mehr erfolgreich zu sein. Das aber lernt man nur bei Gott. Nur wer Gott findet, kann sein falsches Ich loslassen. Nur wer Gott Gott sein läßt, braucht selbst nicht mehr oben zu sein, recht zu haben, zu gewinnen. Heilige sind Menschen, die etwas tun, weil es richtig ist. Das klingt altmodisch und konservativ, weil es tatsächlich eine alte und ewige Wahrheit ist.

Heute ist das Fest des Erzengels Michael. Engel sind nicht unbedingt männlich, aber Michael mit dem Drachen wird immer als männlicher Muskelprotz dargestellt. In der Hand hält er das Schwert, zu seinen Füßen liegt das Symbol der Finsternis und des Dämonischen: der Drache. In seinem Geist und im Geist Johannes des Täufers lohnt es sich, nachzudenken und mit anderen Männern zu reden: „War ich je ein wilder Mann? Gibt es Augenblicke in meinem Leben, wo ich dieser Seite in mir vertraut habe und ihr gefolgt bin? Wann war ich mutig? Wann habe ich klare Entscheidungen gefällt? Wann war ich mutterseelen- und vaterseelenallein und mußte dennoch gerade stehen?" Bei diesem Nachdenken und Reden lohnt es sich, nicht so sehr intellektuell vorzugehen und Ideen auszutauschen, sondern zu versuchen, Gefühlen auf die Spur zu kommen und sie mitzuteilen. Wenn meine Bemerkungen und Assoziationen zu solch einem Gedanken- und Gefühlsaustausch motivieren, dann haben sie ihren Dienst getan.

ANHANG

Unterwegs zur Neuen Kirche

Zwei Reden in Deutschland*

Leben heißt verwundbar werden

Meister Eckhart, mein Lieblingsmystiker aus dem Mittelalter, sagt, daß der Vater mit dem Sohn lacht. Dieses Lachen ist nicht ein Lachen wie über einen Witz, sondern ein Lachen, das aus der Erfahrung kommt, zutiefst verstanden und erkannt zu sein.

Dann sagt er: „Der Vater lacht nicht nur mit dem Sohn, sondern der Sohn lacht auch mit dem Vater.

Der Vater mag den Sohn, und der Sohn mag den Vater.

Der Vater freut sich über den Sohn, und der Sohn freut sich über den Vater.

Der Vater liebt den Sohn, und der Sohn liebt den Vater."

Dieses Lachen, Sich-Mögen, Sich-Übereinander-Freuen, Sich-Lieben zwischen dem Vater und dem Sohn ist der Heilige Geist.

Die Schönheit dieser Welt, all das Gute, was unsere Augen anspricht, was schöpferisch ist: das ist das Leben zwischen dem Vater und dem Sohn. In dieses Leben sollen wir hineingezogen werden. Es ist vollkommenes Geben und vollkommenes Empfangen.

Es gibt nicht viele absolute Behauptungen, die ich aufstelle, eine aber doch: Wenn immer auf dieser Erde eine Situation beidseitiger Verwundbarkeit entsteht, da ist Leben. Größtenteils gibt es im Leben keine beiderseitige Verwundbarkeit; manchmal nicht einmal Verwundbarkeit auf einer Seite.

* aus zwei Vorträgen, gehalten am 6. Mai 1981 in Würzburg und am 7. Mai 1981 in Nürnberg

Wenn wir aber keine Verwundbarkeit auf der Gegenseite erwarten können, dann stehen wir mit unserer einseitigen Verwundbarkeit sehr einsam da.
Das ist die Haltung, die Gott in Jesus vor der Welt einnimmt: Er steht vor der Welt vollständig verwundbar da und wartet darauf, daß auch wir verwundbar werden. Denn er weiß: Bevor es keine beiderseitige Verwundbarkeit gibt, kommt es nicht zum Ausbruch des Heiligen Geistes, gibt es kein neues Leben. Deswegen ist das Bild, in dem sich Gott der Welt offenbart, der gekreuzigte Jesus.
Wenn wir dieses Leben, diesen verwundbaren Gott, diesen verwundbaren Jesus, einmal erfahren haben, dann hat unser Leben keinen Sinn mehr für uns, es sei denn, indem auch wir verwundbar werden.

Das Bild von den Augen

Jesus hat dieses Leben von seinem Vater gelernt. Er ist das Abbild des Vaters in der Welt. Jesus hat sich selbst in den Augen seines Vaters entdeckt.
Dasselbe gilt für uns: In der Welt bringt man uns bei, daß wir uns in uns selbst entdecken können. Aber in Wirklichkeit können wir uns nur im anderen entdecken, im Gegenüber.
Für mich ist das Bild der *Augen* zum zentralen Bild meiner eigenen geistlichen Reise geworden. Jesus sagt im Evangelium: „Die Augen sind das Fenster der Seele."
Wenn ich auch nur einmal am Tag den Blick Gottes erwidern kann, dann kehre ich zum Zentrum zurück.
Man kann sich glücklich preisen, wenn man in seinem ganzen Leben wenigstens fünf Menschen länger als zehn Sekunden in die Augen sehen kann. Die Augen sind zu mächtig. Sie können nicht lügen. Deswegen meiden die meisten die Augen des anderen. Man kann nicht ständig so echt sein. Das kann nur Gott.

Jesus wagt es, den Blick seines Vaters zu erwidern. Wir weichen aus: nach unten, nach links, nach rechts, irgendwohin, denn wir wagen es nicht, Gottes Blick zu erwidern.
Ich habe in Amerika mit Kindern von der Straße gearbeitet, die keinen menschlichen Vater oder keine Eltern hatten. Man konnte sie kaum dazu bringen, einen anzuschauen. Man muß ihren Kopf halten, nach oben ziehen und sagen: „Schau mich an!" – Und dann machen sie die Augen zu. Warum? Weil es genau das ist, was sie mehr wollen als irgend etwas sonst. Aber sie haben Angst, wir könnten sie ansehen und das nicht mögen, was wir dabei entdecken. Bevor sie diese Ablehnung erfahren, sehen sie lieber erst gar nicht hin und lassen uns gar nicht erst hinschauen.
Bei Gott fürchten wir dasselbe. Wir haben Angst, er könnte als erster wegschauen. Aber die Verheißung des Evangeliums ist, daß er nicht als erster wegschauen wird.
Deswegen bitte ich euch, daß ihr nur einmal pro Tag, vielleicht nur zwei Sekunden lang, versucht, zurückzuschauen. Und ihr werdet es nicht glauben: Er schaut euch an. Und während er euch anschaut und ihr seinen Blick erwidert, werdet ihr nackt. Ihr müßt euch nicht mehr beweisen, ihr müßt euch nicht mehr absichern, ihr müßt nichts verdienen, denn ihr merkt: Gott muß merkwürdigerweise das, was er zu sehen bekommt, gern haben. Denn er schaut weiter. Das ist die Erfahrung der Erlösung.
Nochmals Meister Eckhart. Er sagt: „Die Augen, mit denen wir zu Gott zurückschauen sind dieselben Augen, mit denen er uns zuerst angeschaut hat." Mit anderen Worten: Wir machen nicht den Anfang, sondern es ist, als ob wir in dem Augenblick, wo Gott uns ansieht, die Kraft bekommen, zurückzuschauen. Das einzige was wir tun besteht darin, daß wir den Stromkreis schließen. Wir stehen einfach da und *empfangen* und merken: Wir haben nichts gemacht als den Stromkreis geschlossen.
Deswegen können wir wie Paulus sagen: „Ich lebe, aber ei-

gentlich nicht ich, sondern Christus lebt in mir.“ Oder: „Nicht ich, nicht ich, sondern der Geist der mich durchströmt.“

Jesus sein – nicht Jesus anbeten!

Das christliche Leben ist also nicht in erster Linie ein *Tun*, sondern ein *Empfangen.* Wenn wir erstmal anfangen, so zu leben, dann wollen wir mit der Zeit immer so leben. Wenn wir jahrelang mit Jesus gehen, dann gibt es nur noch eins, was sinnvoll erscheint: So zu werden wie er – immer verwundbarer. Denn wenn sein Geist uns durchströmt, dann fordert er uns heraus, Jesus zu *sein.*

Die meisten Christen denken, daß wir Jesus *anbeten* sollen, statt Jesus zu *sein.* Jesus ist nicht auf die Erde gekommen, um eine Religion zu stiften und uns zu sagen, wir sollen ihn anbeten. Sondern er ist gekommen, um uns seinen Vater zu zeigen und uns zu zeigen, wie wir uns selbst in den Augen unseres Vaters erkennen können. Das bedeutet es, mit dem Geist Jesu erfüllt zu sein, mit dem Geist des Vaters.

Wenn wir das Abendmahl, die Eucharistie essen, dann ist der springende Punkt dabei, daß wir daran erinnert werden, das Fleisch Jesu in dieser Welt zu werden. Das heißt: Wir werden Gottes Freude in der Welt, wir freuen uns z. B. am Flieder, der dort draußen vor dem Fenster blüht, wir freuen uns an allem, was schön ist in der Welt. Aber wir werden zugleich das Leiden Gottes in der Welt. Wir tragen in uns die Last, die Gott tragen muß: Die Last für die Armen, für die Unterdrückten, für die Ungerechtigkeit, für die Dummheit der Welt.

Wenn wir verwundbar werden wie Jesus, dann tut der Heilige Geist folgendes in uns: Wir werden nach beiden Richtungen ausgedehnt. Wir werden fähiger, uns zu freuen – und wir werden leidensfähiger.

Wenn das geschieht, dann wird man sehr frei – und dann

paßt man nicht mehr in die Welt. Man kann die Spiele und Systeme der Welt nicht mehr ernst nehmen. Man ist nicht mehr von den Statussymbolen der Welt beeindruckt. Denn diese Freiheit kommt von innen und nicht von außen.

Das Evangelium für die Armen

In der Zeit, in der wir leben, ereignet sich eine umwälzende Bekehrung in der Gesamtkirche. Leider ist von dieser Umwälzung in Europa und Nordamerika am wenigsten zu spüren, wo die Kirche am ältesten und am müdesten ist. Daher ist es sehr wichtig für uns zu sehen, was Jesus der *ganzen* Kirche sagt, was in der gesamten Welt geschieht. Denn wenn wir Gefangene unserer eigenen Situation oder Gesellschaft bleiben, dann werden wir mutlos. Wir alle kommen aus einer Kirche, die gefangen und verführt worden ist von der Kultur, von Macht und von ihrer eigenen Geschichte.

Jesus hat sich, wie der Philipperbrief sagt, obwohl er in göttlicher Gestalt war, selbst entäußert und ist in unsere Mitte gekommen als *Sklave.*

Neben seinen schärfsten Worten – gegen Heuchelei – richten sich seine zweitschärfsten Worte gegen Reichtum und Macht.

Aus Gründen, die ich wahrscheinlich nicht verstehe, hat sich die Kirche die meisten Jahrhunderte mit Reichtum und Macht identifiziert. Die Folge war, daß das Evangelium nicht frei war – und daß die Prediger des Evangeliums nicht frei waren, wirklich zu predigen, was Jesus gepredigt hat. Die Kirche ist in unseren Ländern dazu benutzt worden, die Einstellung der Aristokratie und des Establishments zu unterstützen.

Als ich Würzburg besichtigt und die Residenz des Fürstbischofs gesehen habe, sah ich ein vollendetes Symbol für das, was ich meine. Das hat es unmöglich gemacht, das

Evangelium zu verstehen. Denn Jesus sagt: „Selig sind die Armen." Damit beginnt die Bergpredigt.
Nur von unten kann man richtig sehen. Von oben kann man nicht ehrlich sehen. Denn von oben hat man zuviel zu verteidigen.
Als Jesus die Synagoge von Nazareth betrat, öffnete er die Schriftrolle. Und der erste Vers, den er gelesen hat, war: „Ich bin gekommen, den Armen das Evangelium zu verkündigen." (Lukas 4)
Das Evangelium muß nicht den Armen verkündigt werden, weil die Armen die Kirche brauchen, sondern weil die Kirche die Armen braucht, um zu wissen, was die entscheidenden Fragen sind.
Als ich in viele Länder der Dritten Welt gereist bin, habe ich für mich dieses Bild der neuen Kirche entdeckt. Dort treffe ich Menschen, die nicht materialistisch sein wollen, wie wir es sind. Sie haben nichts zu verlieren und nichts zu schützen. Sie sind viel freier, das Evangelium zu verstehen. Ihnen ist klar, daß nur dreierlei wichtig ist: Gott, Familie, Treue. Es ist für uns sehr schwer, das wirklich zu verstehen, denn wir sind gefangen. Deswegen ist es so schwer, das Evangelium der Ersten Welt zu predigen.
Die Bibel ist von Anfang bis Ende, von der Genesis bis zur Offenbarung von Menschen geschrieben worden, die unten waren. Die Bibel, das sind die Schriften von Sklaven, von Unterdrückten, von Verlierern – das sind die Armen. Jesus selbst: ein Verlierer – nicht erfolgreich! Und doch ist jenes Buch, das von Leuten ganz unten geschrieben worden ist, in den letzten tausend Jahren meistens von Leuten ausgelegt worden, die oben waren. Sie haben die Bibel ständig mißbraucht und ihre Botschaft nach oben verlegt, in den Kopf. Sie haben aus der guten Nachricht für die Armen eine Stütz-Ideologie für ihre Machtinteressen gemacht.

Wovon Jesus in erster Linie spricht, ist der Blick der Liebe, die Hingabe des Herzens. Er spricht von Lebensstil – nicht von Ideologie. Wenn ich auf die Philippinen fahre oder nach Lateinamerika, dann verstehen sie dort einfach nicht, warum wir uns über Theologien streiten und über das Dogma. Sie wissen: Das entscheidende ist Hingabe an den Herrn – und aneinander.
Ein Franziskaner aus Indien hat zu mir gesagt: „Wenn du nach Europa fährst und nach Nordamerika, dann sag denen dort, wir sind Jesus *auch* begegnet." In jenen Ländern, wo das Evangelium den Armen verkündigt und von den Armen angenommen wird, wo Menschen frei werden zur Verwundbarkeit – dort sehe ich die Geburt der Neuen Kirche.
Einige sagen voraus, daß gegen Ende unseres Jahrhunderts die Afrikaner kommen werden und das Evangelium in den Kathedralen Europas verkündigen. Unsere Kirche braucht wieder das erste Feuer, wir müssen re-evangelisiert werden. Die Kirchen der Dritten Welt geben uns gleichsam neue Brillen zum Lesen des Evangeliums:
Die Kirche *Lateinamerikas* gibt uns die Perspektive von unten, die Augen der Armen. Weil die Kirche *Afrikas* noch so nah an der Erfahrung von Stammes-Existenz ist, gibt sie uns die Augen der Gemeinschaft, während unsere Zivilisation sehr individualistisch geworden ist. Es ist schwierig für uns, überhaupt noch zu sehen, daß das Evangelium Gemeinschaft voraussetzt.
Indien hat uns durch einen Nichtchristen, *Mahatma Gandhi*, ein neues Wort geschenkt: Gewaltlosigkeit. Wenn wir jetzt zum Evangelium zurückgehen, dann können wir gar nicht mehr begreifen, wie wir das übersehen konnten. Jesu Tod ist ein Akt von Gewaltlosigkeit.
Unsere Kirchen sind Gefangene gewesen, Gefangene europäischer Geschichte, europäischer Brillen, Gefangene einer nur rationalen Interpretation des Evangeliums.

Asien insgesamt lehrt uns die Wichtigkeit des Nicht-Rationalen. Wenn wir uns das ansehen, was ich die „Bibel des Leibes" nenne, dann gibt es in unserem Gehirn zwei Seiten, die linke Hemisphäre und die rechte Hemisphäre. Eine ist rational und eine ist nicht-rational. Das Zusammenspiel der beiden ist die einzige Möglichkeit für uns, die Fülle der Wahrheit zu erfassen. In der Zivilisationsgeschichte sind der Westen und der Osten zwei völlig getrennte Welten gewesen. Jesus aber war in erster Linie ein Mensch des Ostens. Die semitische, hebräische Einstellung spiegelt mehr die östliche als die westliche Einstellung. In unserer Zeit beginnen diese beiden Welten endlich, aufeinander zu hören. Dadurch bekommen wir einen völlig neuen Zugang, um Jesus zu verstehen.

Gemeinde von unten

Praktisch gesprochen: Die einzige Möglichkeit, all das zusammenzubringen, ohne wiederum einer Ideologie zu verfallen, besteht darin, daß wir in *christlichen Gemeinschaften* zusammenkommen. Genau das tun sie in der Dritten Welt.
Diese Gemeinden müssen von den „Graswurzeln" kommen, von unten, wo wir unseren Glauben miteinander teilen, unser Herz, unsere Vision, unsere Tränen, unseren Zorn. Die Kirche, die wir bisher gekannt haben, ist eine Kirche, die von oben gestaltet wurde. Das Neue ist eine Kirche, die von unten gestaltet wird.
Die einzige Möglichkeit, daß wir dabei ernst genommen werden ist, daß wir von *unten* kommen, und dennoch von *oben* respektiert werden müssen, das heißt, daß die bestehende Kirche auf uns hören muß. Das ist der Unterschied zwischen hohler Christlichkeit und großer Heiligkeit.
Wir müssen die Vergangenheit lieben, die Kirche lieben, sogar ihre vergangenen Fehler anerkennen, um fähig zu sein, das Evangelium in einer Weise zu sagen, daß sie nicht leug-

nen können, daß es das Evangelium ist. *Franziskus* hat die Kirche nicht verlassen. Aber er lebte ein radikales, freies Leben in ihrer Mitte, ein Leben, das der Kirche entgegengetönt hat, daß sie selbst nicht frei und nicht in der Liebe ist. Und dennoch hat er die Kirche immer geliebt und sich ihr unterstellt. Das macht Heilige aus: das eine zu tun ohne das andere zu lassen.

Wenn ich mir die großen Heiligen unserer Geschichte anschaue: Ihr größter Verfolger war immer die Kirche selbst. Anscheinend ist die Kirche selbst der Ort, der uns reinigt. Manchmal, indem sie uns verfolgt, indem sie uns nicht versteht – und uns dadurch zwingt, zu wachsen. Was uns reinigt, das ist die Fähigkeit, die zu lieben, die uns nicht lieben – sogar in der Kirche. Es gibt nur einen Weg, das zu lernen – indem wir unser Leben in einer Weise miteinander teilen, daß wir gezwungen sind zu lernen einander zu lieben.

Verbindliche Gemeinschaft

Wenn wir in verbindlicher Gemeinschaft miteinander leben, dann sehen wir als erstes unsere eigene Sündhaftigkeit und unsere eigene Unfähigkeit zu lieben. Gemeinsames Leben zeigt dir, daß du noch nicht gelernt hast zu lieben – und dennoch ist es die große Schule der Liebe.

Die Christen, von denen ich weiß, daß sie frei sind – fähig, sich mit Gott zu freuen, fähig, mit Gott zu leiden –, sind Christen, die sich an andere Christen gebunden haben. Diese Einheit zwischen Gläubigen ist es, was Paulus den „Leib Christi" nennt. Der Leib Christi ist nicht ein Ort, wo wir alle miteinander stark sind, sondern ein Ort, wo wir uns verbindlich auf unsere Schwachheit einlassen und sie miteinander teilen.

Die Kirche ist die Versammlung derjenigen, die wissen, daß sie kaputt sind. Und die Welt, das sind die Leute, die nicht zugeben wollen, daß sie kaputt sind.

Die Kirche hatte früher einen komischen theologischen Namen dafür: sie hat gesagt, wir leben unter der Erb-Sünde. Anders gesagt: Wir sind radikal unvollkommen – und werden es immer bleiben.
Derjenige, den zu lieben uns allen am schwersten fällt, das sind wir selbst. Die meisten von uns sind ihre eigenen schlimmsten Feinde. Weil wir unser Inneres nicht liebenswert finden, deswegen fällt es uns so schwer, das zu lieben, was außerhalb von uns ist.

Die Reise nach innen

Was erlaubt uns Jesus? Zuerst macht er sich mit uns auf jene Reise nach *innen,* zu dem Teil von uns, den wir nicht lieben können. Alles, was wir außerhalb hassen, alles, was uns wütend macht, alles, was wir zerstören wollen, ist zu allererst „drinnen". Wenn ich das sehe und annehme, dann werde ich fähig zum Mitleiden und zum Vertrauen. Der einzige Grund, warum ‚sie' mich aufregt, oder ‚er' mich aufregt, oder ich diese oder jene Leute kaputtmachen möchte, ist, daß sie das verkörpern, was ich in mir selber hasse. Es gibt kein Böses „draußen", das ich nicht zuerst „drinnen" entdeckt und gehaßt habe.
Deswegen heißt der Ruf jedesmal: Umkehr zum Leben. Wenn wir mit Jesus gehen, wenn wir gemeinsam mit Jesus gehen, dann merken wir bald, daß diese Bekehrung wesentlich mehr kostet, als wir uns vorstellen können.

Preis der Nachfolge

Ich habe vor 10 Jahren mit einer großen Gemeinschaft von jungen Leuten zwischen 17 und 18 Jahren angefangen. Schließlich waren es etwa 1000 Leute jede Woche. Als wir aber die Wanderung fortgesetzt haben, hat einer nach dem

anderen gemerkt, daß es ja um etwas *Wirkliches* geht, daß Jesus wirklich sagt: Folge mir nach – und werde „ich“ in der Welt, werde mein Leiden für das Leben der Welt und werde meine Freude am Guten der Welt.
Das hat über einen Zeitraum von zehn Jahren zunächst dazu geführt, daß wir geschrumpft sind. Denn die meisten Leute wollen nicht Jesus sein. Die meisten wollen Jesus anbeten. Die Jesus-Nachfolge hat viele von uns dazu gebracht, schlechtbezahlte Jobs anzunehmen, ihre Häuser in den besseren Stadtteilen zu verkaufen und in ärmere Gegenden zu ziehen, wo jetzt 200 von uns leben.
Sie hat uns dazu gebracht, daß wir unfähig sind, mit unserer Regierung einverstanden zu sein – und das können sich Amerikaner nur schwer vorstellen! – zum Beispiel bezüglich El Salvadors, oder die Weigerung vieler, Steuern an eine kriegsvorbereitende, militaristische Regierung zu zahlen.
Aber wir können diese Seite des Evangeliums nur sehen, wenn wir von der uns umgebenden Kultur frei sind, wenn wir frei sind von den Bedürfnissen nach Macht, Kontrolle und Geld. Mit Kultur meine ich nicht die großen Taten der Geschichte, sondern z. B. die Identifikation des Evangeliums mit Nationalismus. Das Evangelium muß immer frei sein von irgendeiner Nation und muß immer universal sein.
Ich möchte nicht, daß das, was *ich* sage, zur neuen Ideologie wird. Es geht um Hingabe, Sich-Einlassen auf Schwachheit. Es ist nicht Gewinnen, es ist wie Verlieren. Und das ist für fast alle von uns sehr schwer zu verstehen, daß Jesus uns tatsächlich zum Verlieren berufen könnte, wie er selbst es tat. Das ist kein Märtyrer-Komplex; es heißt nicht, daß wir alle Fußabstreifer werden – sondern es ist Verwundbarkeit. Und das ist es, was Paulus die Torheit, die Absurdität des Kreuzes nennt.
Die Kirche ist heute dort am kraftvollsten, wo sie verfolgt wird, wo sie Märtyrerkirche ist, wo sie scheinbar scheitert und das Leben verliert.

Die einzige Möglichkeit um zu verhindern, daß das Ganze wiederum zur Ideologie wird, besteht darin, daß wir zum Bild des Blickes zurückkehren. Versucht einfach jeden Tag, diesen Blick zu erwidern. Und wenn ihr nackt dastehen könnt vor dem nackten Gott, die wirkliche Person vor dem wirklichen Gott, dann wird das euer freier Mittelpunkt sein, von dem aus ihr lernt.

Nur wenn ihr diese Art von „freier Seele" habt, wo ihr wißt, wer ihr seid, werdet ihr es nicht nötig haben, eure Identität von eurer Rolle zu beziehen, von eurer Karriere, von Geld und Macht. Meine Identität besteht darin, daß ich Sohn eines Vaters bin. Das hat Jesus gesagt: „Ich bin ein Sohn, ein geliebter Sohn. Und das ist alles, was ich brauche. Wenn ich meine Sohnschaft kenne, dann kann mich nichts mehr verführen."

Ich möchte das mit einer Geschichte illustrieren: In unserer Gemeinschaft lebt eine junge italienische Familie mit vier kleinen Kindern. Die sind alle so klein und süß, daß man sie am liebsten auffressen möchte. Eines Abends war ich zum Essen eingeladen. Am Aufgang zum Wohnzimmer der Familie befinden sich drei Treppenstufen. Und der kleine Christopher rannte durchs Zimmer und fiel die Treppe runter.

Wer kleine Geschwister hat, der weiß wahrscheinlich: Sie weinen niemals sofort. Da sind immer ein paar Sekunden Pause. Und während dieser Pause haben wir nichts gehört, nur wie er gefallen ist. Und wir sind oben an die Treppe gerannt, und sein Vater hat runtergeschaut. Und Klein Christopher hat sich umgeguckt und seinen Vater gesehen – ich stand direkt daneben – und es war, als ob seine Augen sagen: „Hab ich mir weh getan?" Und sein Vater steigt runter und nimmt ihn in die Arme und drückt ihn ganz fest an sich. Und sobald er ihn umarmt, beginnt das Geschrei. Es war, als ob Christopher nicht gewußt hat, wer er ist, bis er sich in den Augen seines Vaters sah und fragen konnte: „Wer bin ich? Hab ich mir weh getan?" Bevor er seinen Körper fühlt, schaut er zum Vater. Und sein Vater küßt seinen Popo, er küßt seine Ärmchen, er küßt ihn überall – und das hat alles wieder o. k. gemacht.

Als ich dabei stand, habe ich gedacht: Genauso ist die ganze menschliche Wirklichkeit. Wir kennen uns nicht. Wir haben nicht die Freiheit, den Schmerz der Welt zu fühlen. Wir hören einfach zu fühlen auf. Vor allem wir Deutschen. (In mir selbst steckt meine deutsche Abstammung bis heute!)

Wir weigern uns zu fühlen, weil es zu weh tut. Und deshalb tun wir einen großen Deckel drauf.

Um Jesus zu sein, müssen wir diesen Deckel wegnehmen und frei sein, den Schmerz zu fühlen. Du wirst nie die Freiheit haben, den Schmerz zu fühlen und mitzuleiden, wenn du nicht die Arme deines Vaters um dich herum hast. Ohne diese Sicherheit und Geborgenheit, wirst du ein Leben der Selbstverteidigung führen.

Die Liebe Gottes gibt dir Sicherheit, ungesichert zu sein. Nur wenn wir im Herzen Gottes leben, sind wir frei, ein verwundbares Leben zu führen. Und das, meine ich, bedeutet „Christ sein".

Ein kleiner Junge ohne Vater

Vor etwa anderthalb Jahren habe ich in New York City gepredigt. Nach dem Vortrag ist ein junger Vater von ungefähr 25 Jahren zu mir gekommen, um mit mir zu reden. Er hat gesagt: „Ich will Ihnen meine Lebensgeschichte erzählen."

Er war ohne Vater in einem Armenviertel von New York aufgewachsen. Und als er älter wurde, mußte er lernen, sehr hart zu sein. Er erzählte mir, daß er ein paarmal im Gefängnis und Zuchthaus gewesen war und eine Menge Schlüsselbein- und Armbrüche hatte. Er sah „stark" aus.

Deshalb war ich nicht auf das gefaßt, was er mir dann gesagt

hat. Nachdem er seine Lebensgeschichte erzählt hatte, habe ich ihn gefragt, ob er etwas dagegen hätte, wenn ich in mein Zimmer gehe, um einiges davon aufzuschreiben.
Er sagte unter anderem: ,,Ein kleiner Junge ohne Vater muß zu schnell erwachsen werden. Er wird zu ernst, wenn er keine Zeit zum Spielen hat und zum Lachen. Er muß sich selbst verteidigen. Er muß sich sogar selber einreden, daß er stärker ist als in Wirklichkeit. Er ist gezwungen, eine Lüge zu leben, eine Lüge aus Angst.
Er muß selbst sein Geld verdienen und für sich sorgen, er lebt ständig in Angst vor seiner eigenen Unsicherheit. Diese große Verantwortung, die schon so bald auf ihm lastet, macht ihn innerlich wütend und ängstlich. Dieser innere Zorn ist so stark, daß er ihn verleugnen muß, anstatt seine Macht zuzugeben."
Immer wieder hat der junge Mann gesagt: ,,Ein kleiner Junge ohne Vater muß zu schnell erwachsen werden. Er ist gezwungen, eine Scheinwelt zu schaffen, die in Wirklichkeit gar nicht existiert, eine Welt von falscher Unabhängigkeit, von Konkurrenzkampf und Furcht, eine Welt, die keinen Platz hat für Vertrauen oder Zärtlichkeit. Und die schlimmste Lüge besteht darin, daß er gezwungen ist, diese Welt für wahr zu halten. Er glaubt an seine eigene Lüge."
Nachdem er eine Zeitlang mit mir geredet hatte, sah er mir direkt in die Augen und sagte: ,,Ich weiß, du hast Leben für mich!" Und ich habe gefragt: ,,Wie kommst du darauf?" Er sah mich wieder direkt an, und eigentlich konnte ich noch immer nicht ganz glauben, wie verwundbar er war. Und dann hat er gesagt: ,,Würdest du mein Vater sein?" Ich habe gesagt: ,,Ich kann nicht dein Vater sein!" Voller Scham und ganz nervös hat er dann gemeint: ,,Du denkst bestimmt, ich bin blöd."
Wenn jemand so weit geht, so viel riskiert, sich so verwundbar macht, dann bekommt man selbst innerlich Angst. Als er zu mir gesagt hat: ,,Du denkst, ich bin blöd", da habe ich ihn

angeschaut und gesagt: „Nein, ich glaube, du bist heilig. Was du dich zu mir sagen traust – das will die Welt zu Gott nicht sagen, weil sie Angst hat."

Die Welt ohne Vater

Jesus war das hilflose Kind, verwundbar genug um zuzugeben, daß er ein Sohn ist und einen Vater braucht. Die Welt ist heute wie dieser junge Mann geworden, als er klein war. Sie hat Angst, sie ist in falscher Weise unabhängig und in ständigem Konkurrenzkampf gegen sich selbst. Die Welt ohne Vater ist gezwungen, in falscher Weise erwachsen zu werden. Und leider glaubt auch die Welt an ihre eigene Lüge.

Deshalb leben wir in einer Welt, die von Furcht beherrscht wird. Sie hat keinen Mittelpunkt, keinen Vater und keine Sicherheit außer sich selbst.

Jesus kam nicht in erster Linie um eine Religion zu stiften, sondern um uns zu lehren, so wie er selbst zu hilflosen Kindern zu werden. Als jener Mann mich angeschaut und gesagt hat: „Ich weiß, du hast Leben für mich!", da wußte ich, daß genau dies es war, was Jesus zu seinem Vater gesagt hat: „Ich weiß, Vater, du hast Leben!" Und Jesus hat nicht aufgehört, das zu sagen, sogar mitten im Absurden und im Tod. Jesus hat ständig gesagt: „Vater, ich weiß, du hast Leben für mich!"

Wir versuchen, uns selbst genug zu sein, selber zurechtzukommen. Wir versuchen, nicht bedürftig zu sein. Und das ist die große Lüge. Wir sind vom Wesen her abhängig. Wir sind Söhne und Töchter.

Das Christentum ist, anstatt eine Reise in die Verwundbarkeit zu werden, eine Religion geworden, eine Seelen-Rettungsgesellschaft. Aber es sollte uns nicht in erster Linie darum gehen, die Seelen der Menschen zu retten, sondern ihnen zu helfen, ihre Seele zu entdecken. Manchmal sieht es so aus, ob man Sachen rettet, die noch gar nicht gefunden sind.

Die Kirche mit Seele

Die Kirche, die Bestand haben wird, die Kirche, die auch noch im nächsten Jahrhundert existieren wird, das wird die Kirche mit „Seele" sein. Wir erleben gerade die letzten Tage des Kultur-Christentums. Das ist gut so. Die Kirche, die Bestand haben wird, das ist eine Kirche mit innerer Autorität, eine Kirche aus Menschen, die „wissen, daß sie wissen." Nicht die Konservativen sind es, die Bestand haben werden, und auch nicht die Progressiven – sondern Menschen mit *innerer Autorität.*

Zuviel Kirche ist allein auf *äußere Autorität* aufgebaut worden. Für Protestanten ist das die Bibel gewesen. Für Katholiken sind das die Amtskirche und der Papst gewesen. Beides ist äußerlich. Es hat keine echte Kraft, wenn es nicht eine innere Vollmacht widerspiegelt.

Was ist diese „Seele"? Ich will versuchen, eine beschreibende Definition zu geben: Die Seele ist jener Ort in uns, der frei ist. Es ist der Ort, wo wir gehört haben, wie Gott unseren Namen gesprochen hat, persönlich und tief. Es ist der Ort, wo uns Gott seinen Namen gegeben hat. Jener freie Ort im Innern, wo die beiden Namen eins sind, das ist die Seele.

Die Seele ist nichts, was uns irgend jemand anderes geben kann. Sie ist ein Weg, eine Reise, die wir selber machen müssen, geführt von der Gnade. Wenn wir aus unserer Seele heraus handeln, dann agieren wir anstatt zu re-agieren. Wenn wir uns von unserem Mittelpunkt her bewegen, dann handeln wir nicht aus Furcht und nicht aus Schuldgefühlen heraus. Wenn ich mir die Kirchengeschichte anschaue, dann sehe ich, daß sie so oft von Schuldgefühlen, Angst und Zorn geprägt und gelenkt war.

Wir können nicht länger auf Re-Aktion bauen. Das einzige, worauf man Kirche bauen kann, ist die *Gnade* – und auf Menschen, die „Seele" haben, die gehört haben, daß der Herr sie beim Namen gerufen hat, die gehört haben, daß er in ihnen seinen Namen ausgesprochen hat.

Biblischer Glaube ist immer ein Akt weg von der Furcht. Der größte Feind des Glaubens heute, scheint mir, ist nicht Zweifel, sondern Furcht. Wir haben Angst davor, dem zu vertrauen, was wir gehört haben.

Wir haben Angst davor, uns verwundbar zu machen.

Der Glaube der Zukunft: Einheit

Wenn daher die Welt die Christen anschaut, dann bekommt sie zum großen Teil Menschen zu sehen, die sich selbst verteidigen und schützen wollen und nicht Menschen, die sich auf die Reise machen wie Abraham. Abraham, der „Vater des Glaubens", verließ das, was er sicher hatte, für das, was er nicht sicher hatte. Sein einziger Grund war die Verheißung, die Verheißung dessen, was er in seiner Seele gehört hatte.

Worin sich der Glaube der Zukunft unterscheiden muß, das scheint mir eine Art tiefes Vertrauen zu sein. Dieses Vertrauen muß konkret und persönlich sein. Wir werden auf solche Weise vertrauen müssen, daß wir das Bedürfnis überwinden, zu gewinnen oder recht zu haben. Jesus hat uns nicht gesagt, wir müßten recht haben, er hat uns gesagt, wir müßten lieben.

Die europäische Geschichte ist ein tragisches Beispiel von Menschen, die recht haben wollten, anstatt zu lieben. Wir können es uns nicht noch einen einzigen Tag unseres Lebens leisten, dem Herrn aus dem Weg zu gehen und seiner Reise, seinem Weg.

Das Vertrauen, das von uns verlangt sein wird, wird von uns

fordern, daß wir Einheit auf tieferen Ebenen suchen als bisher.
Nur wenn wir das in unserem eigenen Inneren schaffen, können wir es auch außerhalb von uns tun. Wenn ich die Reise nach innen gemacht habe, in meine eigene Seele und fähig bin, die dunkleren Seiten meiner selbst anzunehmen, dann werde ich auch in der Lage sein, die dunkleren Seiten anderer anzunehmen.
In unserer Gemeinschaft haben wir eine stehende Redewendung: „Ich möchte lieber etwas Unvollkommenes in Einheit tun, als etwas Vollkommenes getrennt." Denn das Wichtigste, wodurch Gott die Erde heilen und erneuern kann, das ist Einheit. Wo immer wir sind: Wir müssen in diesem Augenblick danach suchen, Einheit zu schaffen.
Das Vertrauen, das von uns in der Kirche der Zukunft verlangt wird, besteht darin, daß wir Gott in der Welt wahrnehmen können, in der Geschichte. Ich muß in der Lage sein zu glauben, was ich höre – und dann im Einklang mit dem zu handeln, was ich glaube. Und das wird mich manchmal trennen – sogar von denen, die ich liebe.
Dieser Glaube wird so fest in dieser inneren Autorität gegründet sein müssen, in dieser „Seele", daß er auch den Widerspruch enger und reifer Freunde überwinden kann. Wir werden unserer inneren Erfahrung genügend vertrauen müssen, damit wir nicht jeden auf unsere Seite ziehen müssen, um selbst zu glauben. Wir müssen genügend vertrauen, um dem Zynismus, dem Tod und dem Zorn, die aus unserem Innern kommen, zu widerstehen.

Die zweite Reformation

Karl Rahner, der deutsche Jesuit, hat gesagt, in der Kirchengeschichte habe es zwei große Krisen gegeben. Die erste Krise kam, als die ersten Christen gemerkt haben, daß sie nicht nur eine jüdische Sekte sind, als sie gezwungen waren, die einzige Gemeinschaft zu verlassen, die sie bisher gekannt hatten, nämlich die Synagoge. Ich erwartete, er würde sagen, die zweite große Krise sei die Reformation gewesen. Aber das sagt er nicht.

Auf vielfache Weise ist die Reformation nur ein Spiegelbild *europäischer* Geschichte und Kultur. Die Reformation hat es eigentlich nicht geschafft, uns wirklich ein radikal neues Bild von der Kirche zu geben. Sie war nicht unbedingt eine Reformation der Liebe. Und das ist die einzige Reformation, über die zu reden lohnt. Rahner sagt, die zweite Krise ereigne sich gerade jetzt, wir seien mitten drin.

Erst in unserer Zeit nämlich wird die Kirche universal und weltumspannend.

Die Kirche, die wir bisher gekannt haben, war zu sehr gefesselt von europäischen Fragestellungen und von einer betont rationalen Auslegung des Evangeliums. In unserer Zeit nun ereignet sich eine neue Kirche. Aber sie ereignet sich nicht von oben her durch den Kopf, sondern von unten her, durch die Liebe.

Vielleicht können wir es am einfachsten so ausdrücken: Die Krise der heutigen Kirche ist eine Krise der Frömmigkeit, eine Krise des Gebets. Die Menschen bei uns wissen einfach nicht, wie man betet. Aber wie kann es Christentum geben, wenn die Menschen nicht beten können? Und deshalb rede ich von der Seele. Deshalb rede ich von jenem Ort der Freiheit, von dem aus wir unser tiefstes inneres Selbst ausdrükken.

Christus scheint in unserer Zeit die Kirche zu sich selbst zurückzurufen. Er beruft uns nicht zu Erfolg oder großen Zahlen. Er beruft uns zu Gehorsam und Treue. Wir können uns nicht darum kümmern, ob das jeder glaubt. Das einzige, was wir wissen ist, daß wir das *tun* müssen, was wir *gehört* haben.

Im 11. Kapitel des Hebräerbriefes sagt der Autor: „Glaube

ist die Gewißheit von Dingen, die man erhofft und die Überzeugung von Dingen, die man nicht sieht." Im weiteren Kapitel zählt er große Helden des Glaubens auf. Am Ende sagt er, all diese Leute sind gestorben, ohne die Einlösung der Verheißung zu erleben. Und wir sagen: „Was? Ich dachte, die Pointe des Glaubens besteht darin, daß er funktioniert!" Glaube ist nicht für irgend etwas gut. Glaube ist Glaube. Glaube ist ein Ziel in sich selbst. Glaube ist für das innere Leben da. Und die, die die Gabe des Glaubens haben, können *alle* Möglichkeiten sehen. Nicht nur, was möglich oder praktikabel ist, sondern wozu Gott mich beruft.

Dieser Glaube wird niemals sinnvoll erscheinen, es sei denn, wir haben die Liebe Gottes gesehen und erfahren. Wenn wir diese Liebe erfahren haben, dann haben wir endlich die Sicherheit, die uns erlaubt, ungesichert zu sein.

Das ist die Kirche, die Jesus, wie ich glaube, in unsere Zeit schafft. Er schafft sie zum größten Teil in kleinen Leuten, die verwundbar sein können, die hilflose Kinder sein können, die vertrauen können.

Ich bin wahrscheinlich, denke ich, ein guter Lutheraner, wenn ich sage: *Sola fide!* – Der entscheidende Punkt ist der Glaube.

Das schlichte Evangelium

Vor einigen Jahren ist ein psychologisches Buch erschienen mit dem Titel „Ich bin o. k. – Du bist o. k.". Als ich das Buch gelesen hatte, habe ich ein Jahr lang versucht, dem Buch zu glauben und o. k. zu sein. Es war so schwierig, o. k. zu sein! Aber ich erinnere mich daran, daß damals viele Leute gesagt haben: „Das ist doch genau das Evangelium, was in dem Buch drin steht! Das Evangelium sagt doch auch: Ich bin o. k. und du bist o. k.!"

Aber als ich Gottes Augen begegnete, da habe ich gemerkt,

daß das nicht das Evangelium ist. Das Evangelium ist *besser* als das. Ich denke, das Evangelium sagt: „Du bist nicht o. k. – aber das ist o. k.“. Das war so befreiend! Endlich mußte ich mich nicht mehr bemühen, o. k. zu sein. Da konnte ich an das glauben, woran auch Jesus geglaubt hat: „Abba! Vater!“ An einen bedingungslos Liebenden.
Diese Erfahrung, nicht bloß im Kopf, sondern auch im Herzen und im Bauch, ist die Erfahrung des Evangeliums. Warum sonst hätten diese zwölf Männer die Welt auf den Kopf gestellt? Sie haben eine Liebe erlebt, die sie einfach nicht mehr leugnen konnten.
Die Kirche, die Jesus aufs Neue schafft, ist eine Kirche gegründet und gebaut auf Glauben in der Liebe.
Die Welt ohne Vater wird hart und kalt und müde. Aber Jesus ist gekommen, um uns zu erzählen, daß wir einen bedingungslos liebenden Vater haben. Man muß kein Intellektueller sein, um das zu begreifen. Man muß kein deutscher Theologe sein, um das zu erklären. Es ist die gute Nachricht, die allen Menschen auf der Welt gilt. Es ist ein Evangelium, das so schlicht und einfach ist, daß wir Angst haben, es zu predigen. Ich nehme an, wir haben Angst, daß wir dabei nicht besonders geistreich aussehen. Und doch ist das das einzige, wofür Menschen leben, und das einzige, wofür zu sterben sich lohnt: Wir wurden für die Liebe geschaffen, und wir werden uns selbst nirgends finden als allein in der Liebe Gottes.

Bildnachweis

Scala Istituto Fotografico, Florenz (S. 17), Interfoto Pressebild, München (S. 21 beide Fotos, S. 123), Werner Küstenmacher, München (S. 37), Andreas Ebert, Nürnberg (S. 39), Ernst Alt, Saarbrücken (S. 42, S. 115), Matthaeus Merian *Die Bilder zur Bibel,* mit Texten aus dem Alten und Neuen Testament, herausgegeben und eingeleitet von Peter Meinhold, © Hoffmann und Campe Verlag, Hamburg, 1965 (S. 57 unten), N. G. Elwert, Marburg (S. 49), Verlag Lothar Borowsky, München (S. 57 oben, S. 85), Städtisches Museum Regensburg (S. 79), Foto Köstler, Lauf (S. 95).
